1-Minuten-Impulse

für die Frau von heute

mit herzlichen Grüßen und besten Wünschen an

_____

überreicht von

_____

1-Minuten-Impulse
für die Frau von heute

mit Bibeltexten aus
«Hoffnung für alle»

Brunnen Verlag · Basel und Gießen

Die Bibelzitate wurden der Übersetzung
«Hoffnung für alle» entnommen
(Brunnen Verlag Basel und Gießen).
Copyright © 1983, 1996 by
International Bible Society

© 1999 by Brunnen Verlag Basel

3. Auflage 2001

Cover: Paxmann Buchprojekte, München
Satz: Uhl + Massopust, Aalen
Druck: Ebner Ulm

Printed in Germany

ISBN 3-7655-5951-2

Inhalt

Liebe Leserin 9
Gebet 11
1-Minuten-Impulse zu den Themen:
Ablehnung 12
Aggression 13
Anbetung 14
Angst 15
Annahme 16
Anpassung 17
Anstoß 18
Arbeit 19
Arbeitslosigkeit 20
Armut 21
Aufgaben 22
Barmherzigkeit 23
Beförderung 24
Begeisterung 25
Charakter 26
Dankbarkeit 27
Demut 28
Depression 29
Ehe 30
Ehelosigkeit 31
Ehrlichkeit 32
Einsamkeit 33
Entscheidungen 34
Enttäuschung 35
Erfolg 36
Erschöpfung 37
Erwartungen 38

Erziehung	39
Fähigkeiten	40
Familie	41
Freiheit	42
Freude	43
Freundschaft	44
Friede	45
Frustration	46
Führung	47
Geben	48
Gebet	49
Geborgenheit	50
Gedanken	51
Geduld	52
Gehorsam	53
Geiz	54
Gelassenheit	55
Gemeinschaft	56
Gerechtigkeit	57
Gerede	58
Geschäftsleben	59
Gesundheit	60
Gewissen	61
Gewohnheiten	62
Gleichberechtigung	63
Glück	64
Gottesdienst	65
Güte	66
Haushalterschaft	67
Hilfe	68
Hingabe	69
Hoffnung	70
Integrität	71

Kinder	72
Klugheit	73
Konzentration	74
Krankheit	75
Krisen	76
Kritik	77
Leiden	78
Leistung	79
Leitungsaufgaben	80
Liebe	81
Loyalität	82
Lügen	83
Mißbrauch	84
Motivation	85
Mut	86
Mutterschaft	87
Reichtum	88
Ruf	89
Ruhe	90
Schmerz	91
Schönheit	92
Schulden	93
Schutz	94
Schwäche	95
Sehnsucht	96
Selbstachtung	97
Selbstbeherrschung	98
Selbstvertrauen	99
Sexualität	100
Sorgen	101
Sorgfalt	102
Streß	103
Sünde	104

Teamarbeit	105
Tod	106
Trauer	107
Treue	108
Trost	109
Überwinden	110
Umkehr	111
Verantwortung	112
Vergebung	113
Verherrlichung	114
Versuchung	115
Vertrauen	116
Vision	117
Vorbild	118
Wahrheit	119
Weisheit	120
Wohlergehen	121
Wunder	122
Wünsche	123
Zielsetzung	124
Zufriedenheit	125
Zweifel	126

Liebe Leserin,

herzlich willkommen zu den **1-Minuten-Impulsen für die Frau von heute**. Sie finden hier biblische Denkanstöße zu 115 Themen, alphabetisch geordnet von «Ablehnung» bis «Zweifel».

Als Frau sehen Sie sich allen möglichen Herausforderungen gegenüber, ganz gleich, ob Sie als Single leben, als Ehefrau, als Mutter oder als Witwe. Viele Frauen leiden unter der Doppelbelastung von Beruf und Haushalt. Andere müssen mit der Enttäuschung fertig werden, daß ihr unbezahlter 16-Stunden-Arbeitstag in der Familie gegenüber dem 8-Stunden-Job vieler anderer Frauen zu wenig Anerkennung findet. Wieder andere können mit Freude ja sagen zu ihrem Alltag als Familienfrau oder Sekretärin, als Arbeiterin oder Abteilungsleiterin ...

Die **1-Minuten-Impulse für die Frau von heute** wollen Ihnen helfen, Ihren Alltag im Licht der Bibel zu überdenken – und zwar mitten im Alltag! Ob auf dem Polstersitz der S-Bahn oder auf der Bank am Spielplatz, ob in der Sitzungspause oder beim Friseur, ob in der Kantine oder am Kaffeetisch: überall können Sie dieses Büchlein für ein paar Minuten zur Hand nehmen und hineinschauen.

Dabei werden Sie feststellen, daß die Bibel zu vielem, was Sie in Ihrem Leben beschäftigt, Entscheidendes und Hilfreiches zu sagen hat. Unter Umständen werden Sie staunen, wie aktuell die Bibel ist. Die Menschen, die da zu Wort kommen, sprechen Freuden und Leiden, Sorgen und Hoffnungen aus, die uns auch heute noch bewegen. Und das, was Gott den Menschen damals gesagt hat, erweist sich auch heute noch als zeitgemäß und lebensnah.

Dreierlei wollen die **1-Minuten-Impulse** nicht sein: weder Patentrezepte noch Trostpflästerchen noch Schicksals- und Zukunftsvoraussagen im Stil von Horoskopen oder billigen Glückslosen.

Erwarten Sie also nicht, daß Sie hier unbedingt schnelle Antworten auf all Ihre Fragen und Probleme bekommen, die Sie dann beruhigt «abhaken» können. Wir meinen auch nicht, daß der Schmerz über schwere Lebensführungen mit Hilfe von ein paar Bibelstellen einfach geheilt und weggenommen wird. Und wer die Bibel als «Horoskop» gebraucht, also anstehende wichtige Entscheidungen mit Hilfe von aus dem Zusammenhang gerissenen Zitaten trifft, der mißbraucht sie in den meisten Fällen.

Der *Duden* definiert «Impulse» als «Anstöße und Auslöser, die etwas in Bewegung setzen». Und so wollen auch die **1-Minuten-Impulse** etwas bei Ihnen auslösen. Sie wollen Sie motivieren, das Gespräch mit Gott zu suchen: das Gespräch über Ihren Alltag, über Ihre Erfolge und Niederlagen, über Ihre Fragen und Frustrationen – über Ihr ganzes Leben.

Vielleicht können die **1-Minuten-Impulse** Sie auch «anstoßen», eine Bibel zur Hand zu nehmen und die angegebenen Bibelzitate in ihrem Zusammenhang zu lesen. Wir empfehlen Ihnen dazu eine moderne Bibelübersetzung wie «Hoffnung für alle», der die Zitate in diesem Taschenbuch entnommen sind.

Es ist unser Wunsch, daß Sie durch dieses Taschenbuch neue Impulse für Ihr Leben bekommen.

Der Verlag

Gebet

Gott,
du hast mich als Frau geschaffen.
Ich bin nicht zufällig auf dieser Welt,
sondern weil du mich gewollt hast
und mich liebst.

Dein großes Ja steht über meinem Leben,
auch wenn nicht immer alles so verläuft,
wie ich es mir wünsche.
Du hast mir Gaben gegeben,
über die ich mich freuen und die ich benutzen
kann.
Du hast mir Grenzen gesetzt,
an denen ich zuweilen leide.

Ich komme zu dir mit allem, was mich beschäftigt:
mit meinen Erfolgen und Freuden,
meinen Sorgen und Leiden,
meinen Hoffnungen und Träumen,
meiner Erschöpfung und Enttäuschung.

Bei dir ist das alles gut aufgehoben.

Begegne mir bitte, wenn ich in diesem Buch nach
Impulsen für mein Leben suche!
Laß mich die Kraft deines Wortes erleben!
Amen.

Ablehnung

Wie lange noch wollt ihr alle über einen herfallen und ihm den letzten Stoß versetzen wie einer Wand, die sich schon bedrohlich neigt, oder einer Mauer, die bereits einstürzt? Ja, sie unternehmen alles, um meinen guten Namen in den Dreck zu ziehen. Es macht ihnen Freude, Lügen über mich zu verbreiten. Wenn sie mit mir reden, sprechen sie Segenswünsche aus, doch im Herzen verfluchen sie mich. ... Gott rettet mich, er steht für meine Ehre ein. Er schützt mich wie ein starker Fels, bei ihm bin ich geborgen. Ihr Menschen, vertraut ihm jederzeit und schüttet euer Herz bei ihm aus! Gott ist unsere Zuflucht.

Psalm 62,4f.8f

Wohin ich auch sehe: nirgendwo will man etwas von mir wissen. Ich finde keine Hilfe mehr, und keiner kümmert sich um mich. Deshalb schreie ich zu dir, Herr! Du allein bist meine Zuflucht! Du sorgst dafür, daß ich am Leben bleibe. Höre auf meinen Hilfeschrei, denn ich bin ganz verzweifelt ... Hole mich aus dieser Höhle heraus! Psalm 142,5–8

Christus ist das wahre Licht, das für alle Menschen in der Welt leuchtet. Doch obwohl er unter ihnen lebte und die Welt durch ihn geschaffen wurde, erkannten die Menschen nicht, wer er wirklich war. Er kam in seine Welt, aber die Menschen nahmen ihn nicht auf. Die ihn aber aufnahmen und an ihn glaubten, denen gab er das Recht, Kinder Gottes zu sein. Johannes 1,9–12

Aggression

Nur ein Dummkopf läßt seinem Zorn freien Lauf, ein Verständiger hält seinen Unmut zurück.

Sprüche 29,11

Laßt euch nicht mehr von Zorn und Haß beherrschen! Kolosser 3,8

Eine freundliche Antwort vertreibt den Zorn, aber ein kränkendes Wort läßt ihn aufflammen.

Sprüche 15,1

Wenn ihr zornig seid, dann macht es nicht noch schlimmer, indem ihr unversöhnlich bleibt. Laßt die Sonne nicht untergehen, ohne daß ihr euch vergeben habt.

Epheser 4,26

«Ihr habt gehört, daß es im Gesetz des Mose heißt: ‹Du sollst nicht töten! Wer aber einen Mord begeht, muß vor ein Gericht.› Doch ich sage euch: Schon wer auf seinen Bruder zornig ist, den erwartet das Gericht. Wer zu seinem Bruder ‹Du Idiot!› sagt, der wird vom Obersten Gericht abgeurteilt werden, und wer ihn verflucht, dem ist das Feuer der Hölle sicher. Wenn du während des Gottesdienstes ein Opfer bringen willst und dir fällt plötzlich ein, daß dein Bruder etwas gegen dich hat, dann laß dein Opfer liegen, gehe zu deinem Bruder und versöhne dich mit ihm. Erst danach bringe Gott dein Opfer.»

Matthäus 5,21–24

Anbetung

Hört, ihr Völker: Begegnet dem Herrn mit Ehrfurcht! Unterwerft euch seiner Herrschaft! Ehrt seinen großen Namen, kommt zu ihm, und bringt ihm Opfer dar! Werft euch vor ihm nieder, wenn er in seiner Größe und Macht erscheint!

1. Chronik 16,28f

«Gott verlangt in der Heiligen Schrift von uns: ‹Du sollst allein Gott anbeten und nur ihm gehorchen!›»

Lukas 4,8

Alle Engel standen um den Thron, um die Ältesten und die vier mächtigen Gestalten. Sie fielen vor dem Thron nieder und beteten Gott an. «Ja, das steht fest», sagten sie, «Anbetung und Herrlichkeit, Weisheit und Dank, Ehre, Macht und Kraft gehören unserem Gott für immer und ewig. Amen!»

Offenbarung 7,11f

Jubelt Gott zu, all ihr Menschen auf der Erde! Singt und musiziert zu seiner Ehre, stimmt ein Loblied an auf seine Größe und Pracht! Sprecht zu Gott: «Wie gewaltig sind deine Taten! Vor deiner Macht müssen sogar deine Feinde sich beugen. Alle Völker der Erde werden dich anbeten und deinen Namen besingen.»

Psalm 66,2–4

Angst

Der Herr selbst geht vor dir her. Er steht dir zur Seite und verläßt dich nicht. Immer hält er zu dir. Hab keine Angst, und laß dich von niemandem einschüchtern!

5. Mose 31,8

Darum habe ich Angst vor ihm; wenn ich darüber nachdenke, packt mich die Furcht! Ja, Gott hat mir jeden Mut genommen; der Allmächtige versetzt mich in Angst und Schrecken! Doch die Dunkelheit bringt mich nicht zum Schweigen, diese tiefe Finsternis, die mich jetzt bedeckt.

Hiob 23,15–17

O Gott, hörst du nicht meinen Hilfeschrei? Du bist es doch, der für mich eintritt, der mich verteidigt! Als ich vor Angst gelähmt nicht mehr weiterwußte, hast du mir den rettenden Ausweg gezeigt. So hilf mir auch jetzt und erhöre mein Gebet!

Psalm 4,2

Das ganze Ausmaß der göttlichen Liebe zeigt sich darin, daß wir dem Tag des Gerichts ohne Angst entgegengehen können. Denn wir leben in dieser Welt so, wie Christus es will. Wirkliche Liebe ist frei von Angst. Ja, die Liebe vertreibt sogar die Angst. Wer sich also fürchtet und vor der Strafe zittert, der beweist damit nur, daß er wirkliche Liebe noch nicht kennt.

1. Johannes 4,17f

Annahme

Ich aber darf zu dir kommen, denn in deiner großen Gnade hast du mich angenommen. Voller Ehrfurcht bete ich dich in deinem Heiligtum an.

Psalm 5,8

Wenn Christus in euch lebt, dann ist zwar euer Leib wegen eurer Sünde noch dem Tod ausgeliefert. Doch Gottes Geist schenkt euch ein neues Leben, weil Gott euch als seine Kinder angenommen hat.

Römer 8,10

An die Stelle der alten Opfer setzt Christus sein eigenes Opfer. Er hat mit seinem Tod am Kreuz diesen Willen Gottes erfüllt; und deshalb sind wir durch sein Opfer ein für allemal von Gott angenommen.

Hebräer 10,9b.10

Wir aber vertrauen darauf, daß wir durch den Glauben an Jesus Christus von Gott angenommen werden. Er hat uns ja durch seinen Heiligen Geist diese Hoffnung geschenkt.

Galater 5,5

Nehmt euch gegenseitig an, so wie ihr seid, denn auch Christus hat euch ohne Vorbehalte angenommen. Auf diese Weise wird Gott geehrt.

Römer 15,7

Anpassung

«So sollt ihr erkennen, daß ich euer Herr bin. Meine Weisungen habt ihr in den Wind geschlagen und meine Gebote mißachtet; statt dessen habt ihr Recht und Sitte eurer Nachbarvölker angenommen!»

Hesekiel 11,12

Nehmt nicht die Forderungen dieser Welt zum Maßstab, sondern ändert euch, indem ihr euch an Gottes Maßstäben orientiert. Nur dann könnt ihr beurteilen, was Gottes Wille ist, was gut und vollkommen ist und was ihm gefällt.

Römer 12,2

Weil ihr Gottes Kinder seid, gehorcht ihm und lebt nicht mehr wie früher, als ihr euren Leidenschaften hilflos ausgeliefert wart und Gott noch nicht kanntet. Jetzt sollt ihr leben wie Christus, der euch als seine Jünger berufen hat: Vorbildlich, ja heilig soll euer ganzes Leben sein.

1. Petrus 1,14f

Wen Gott nämlich auserwählt hat, der ist nach seinem Willen auch dazu bestimmt, seinem Sohn ähnlich zu werden, dem ersten unter vielen Brüdern. Und wen Gott dafür bestimmt hat, den hat er auch in seine Gemeinschaft berufen; wen er aber berufen hat, den hat er auch von seiner Schuld befreit. Und wen er von seiner Schuld befreit hat, der hat schon im Glauben Anteil an seiner Herrlichkeit.

Römer 8,29f

Anstoß

Gott sah, daß die Menschen von ihren falschen Wegen umkehrten. Da ließ er das angedrohte Unheil nicht über sie hereinbrechen. Jona aber ärgerte sich sehr darüber.

Jona 3,10 – 4,1a

Wir aber sagen den Menschen, daß Christus – der Sohn Gottes – für uns sterben mußte, auch wenn das für die Juden eine Gotteslästerung ist und für die Griechen schlichtweg Unsinn. Und dennoch erfahren alle, die von Gott berufen sind – Juden wie Griechen –, daß sich gerade in diesem gekreuzigten Christus Gottes Kraft und Gottes Weisheit zeigen.

1. Korinther 1,23f

Deshalb wollen wir uns nicht länger gegenseitig verurteilen. Keiner soll durch sein Verhalten den anderen in Bedrängnis bringen oder in seinem Glauben verunsichern.

Römer 14,13

Beim Essen und Trinken oder was ihr auch tut, denkt immer daran, daß alles zur Ehre Gottes geschieht. Gebt deshalb niemandem Anlaß zur Verärgerung, weder den Juden noch den Heiden und auch nicht euern Brüdern in der Gemeinde.

1. Korinther 10,31f

Arbeit

Er segnete sie [Mann und Frau] und sprach: «Vermehrt euch, bevölkert die Erde, und nehmt sie in Besitz! Ihr sollt Macht haben über alle Tiere: über die Fische, die Vögel und alle anderen Tiere auf der Erde!»

1. Mose 1,28

«Sechs Tage sollst du deine Arbeit verrichten, aber der siebte Tag ist ein Ruhetag, der mir, dem Herrn, deinem Gott, gehört. An diesem Tag sollst du nicht arbeiten, weder du noch deine Kinder, weder dein Knecht noch deine Magd, auch nicht deine Tiere oder der Fremde, der bei dir lebt.»

2. Mose 20,9f

Wer seine Arbeit nachlässig tut, richtet genausoviel Schaden an wie einer, der alles zerstört.

Sprüche 18,9

Wir sind nicht faul gewesen. Oder haben wir jemals auf Kosten anderer gelebt? Im Gegenteil: Tag und Nacht haben wir gearbeitet und uns abgemüht, um niemandem von euch zur Last zu fallen.

2. Thessalonicher 3,7f

Denkt bei allem daran, daß ihr für Gott und nicht für die Menschen arbeitet.

Kolosser 3,23

Arbeitslosigkeit

Und was ist mein Lohn? Monate, die sinnlos dahinfliegen, und kummervolle Nächte! Wenn ich mich abends schlafen lege, denke ich: «Wann kann ich endlich wieder aufstehen?» Die Nacht zieht sich in die Länge, ich wälze mich schlaflos hin und her bis zum Morgen.

Hiob 7,3f

Rette mich, Gott, das Wasser steht mir bis zum Hals! Ich versinke im tiefen Schlamm; meine Füße finden keinen Halt mehr. Die Strudel ziehen mich nach unten, und die Fluten schlagen schon über mir zusammen.

Psalm 69,2f

Ich aber dachte: «Vergeblich habe ich mich abgemüht, für nichts und wieder nichts meine Kraft vergeudet. Dennoch weiß ich, daß der Herr für mein Recht sorgt, von ihm, meinem Gott, erhalte ich meinen Lohn.»

Jesaja 49,4

«Freut euch und jubelt über das, was ich tue: ... Dann wird man sich Häuser bauen und sie auch selbst bewohnen, kein Fremder läßt sich darin nieder. Man wird Weinberge anpflanzen und ihren Ertrag selbst genießen. ... Denn in meinem geliebten Volk werden die Menschen so alt wie Bäume und genießen die Frucht ihrer Mühe. Keine Arbeit ist dann mehr vergeblich.»

Jesaja 65,18.22f

Armut

Bewahre mich davor, zu lügen und zu betrügen, und laß mich weder arm noch reich sein! Gib mir nur so viel, wie ich zum Leben brauche! Denn wenn ich zu viel besitze, bestreite ich vielleicht, daß ich dich brauche, und frage: «Wer ist denn schon der Herr?» Wenn ich aber zu arm bin, werde ich vielleicht zum Dieb und bereite dir, meinem Gott, damit Schande!

Sprüche 30,8f

Seid nicht hartherzig gegenüber den Armen ... Seid großzügig, und leiht ihnen, soviel sie brauchen ... Seid nicht geizig! ... Sonst werden sie zum Herrn um Hilfe rufen, und ihr macht euch schuldig. Gebt ihnen gern, was sie brauchen, ohne jeden Widerwillen. Dafür wird euch der Herr, euer Gott, bei all eurer Arbeit segnen und alles gelingen lassen, was ihr euch vornehmt.

5. Mose 15,7–10

«Glücklich seid ihr Armen, denn ihr werdet Gottes Reich besitzen. ... Doch wehe euch, ihr Reichen! Ihr habt euer Glück schon auf Erden genossen.»

Lukas 6,20.24

Denkt daran, was unser Herr Jesus Christus für euch getan hat. Er war reich und wurde doch arm, um euch durch seine Armut reich zu machen.

2. Korinther 8,9

Aufgaben

Zu guter Letzt laßt uns das Wichtigste von allem hören: Begegne Gott mit Ehrfurcht und halte seine Gebote! Das gilt für jeden Menschen.

Prediger 12,13

Verlaß dich nicht auf deine eigene Urteilskraft, sondern vertraue voll und ganz dem Herrn! Denke bei jedem Schritt an ihn; er zeigt dir den richtigen Weg und krönt dein Handeln mit Erfolg. Halte dich nicht selbst für klug; gehorche Gott und meide das Böse!

Sprüche 3,5–7

Ich stehe euch mit Rat und Tat zur Seite; so werdet ihr klug und fähig zum Handeln.

Sprüche 8,14

Laßt also nicht nach in euerm Bemühen, Gutes zu tun. Es kommt eine Zeit, in der ihr eine reiche Ernte einbringen werdet. Gebt nur nicht vorher auf!

Galater 6,9

Herr, unser Gott! Zeige uns deine Güte! Laß unsere Mühe nicht vergeblich sein! Ja, laß unsere Arbeit Früchte tragen!

Psalm 90,17

Lebt ... in Ehrfurcht vor Gott und in ganzer Hingabe an ihn. Er selbst bewirkt ja beides in euch: den guten Willen und die Kraft, ihn auch auszuführen.

Philipper 2,12f

Barmherzigkeit

Du aber bist ein Gott, der vergibt, du bist gnädig und barmherzig; deine Geduld ist nie zu Ende, deine Liebe ist grenzenlos.

Nehemia 9,17

Der Herr ist gnädig und barmherzig; seine Geduld hat kein Ende, und seine Liebe ist grenzenlos! Der Herr ist gut zu allen und schließt niemanden von seinem Erbarmen aus, denn er hat allen das Leben gegeben. Darum sollen dich alle deine Geschöpfe loben. Jeder, der dich liebt, soll dich rühmen.

Psalm 14,8–10

In Christus sind Gottes Barmherzigkeit und Liebe wirklich zu uns gekommen.

Johannes 1,14

«Fällt gerechte Urteile! Geht liebevoll und barmherzig miteinander um! Die Witwen und Waisen, die Armen und die Ausländer sollt ihr nicht unterdrücken! Schmiedet keine bösen Pläne gegeneinander! Das befehle ich, der Herr, der allmächtige Gott!»

Sacharja 7,10

«Glücklich sind die Barmherzigen, denn Gott wird auch mit ihnen barmherzig sein.»

Matthäus 5,7

«Seid so barmherzig wie euer Vater im Himmel!»

Lukas 6,36

Beförderung

Wahre Größe kann kein Mensch verleihen – ganz gleich, woher er kommt! Denn Gott allein ist Richter: den einen läßt er fallen, den anderen bringt er zu Ansehen und Macht.

Psalm 75,7f

Nur eins im Leben ist wirklich wichtig: Werde weise! Werde verständig! Kein Preis darf dir zu hoch dafür sein. Liebe die Weisheit, sie wird dir Ansehen verschaffen; ehre sie – dann erlangst du Ehre. Sie wird dich schmücken wie eine wertvolle Krone.

Sprüche 4,7–9

Herr, ich habe erkannt: Das Leben eines Menschen liegt nicht in seiner Hand. Niemand kann seine Schritte nach eigenem Plan lenken.

Jeremia 10,23

Bei eurer Arbeit geht es nicht darum, anderen zu imponieren. Ihr sollt euch vielmehr als Diener Christi betrachten, die bereitwillig und gern den Willen Gottes erfüllen. Denkt daran: Ihr arbeitet nicht für Menschen, sondern für unseren Herrn Jesus Christus! Er wird euch den Lohn geben, den ihr verdient, ganz gleich, ob ihr nun als Vorgesetzte oder Untergebene euren Dienst tut.

Epheser 6,6–8

Begeisterung

Der Himmel soll sich freuen und die Erde in Jubel ausbrechen! Sagt den Völkern: Der Herr allein ist König!

1. Chronik 16,31

Herr, glücklich ist das Volk, das dich jubelnd als König feiert! Du selbst bist unter ihnen und bringst Licht in ihr Leben.

Psalm 89,16

Lobt ihn mit Posaunen, lobt ihn mit Harfe und Zither! Lobt ihn mit Tamburin und Tanz, lobt ihn mit Saitenspiel und Flötenklang! Lobt ihn mit Zimbelschall und Paukenschlag! Alles, was lebt, lobe den Herrn! Halleluja!

Psalm 150,3–6

Als die siebzig Jünger zurückgekehrt waren, berichteten sie begeistert: «Herr, sogar die Dämonen mußten uns gehorchen, wenn wir deinen Namen nannten!» ... [Jesus antwortete:] «Laßt euch nicht davon beeindrucken, daß euch die Dämonen gehorchen müssen; freut euch vielmehr darüber, daß eure Namen im Himmel eingetragen sind!»

Lukas 10,17–20

Bedenkt doch nur, was Gott alles durch eure Reue und Umkehr erreicht hat! Mit welcher Begeisterung geht ihr jetzt ans Werk!

2. Korinther 7,11

Charakter

Glücklich ist, wer nicht lebt wie Menschen, die von Gott nichts wissen wollen. Glücklich ist, wer sich kein Beispiel an denen nimmt, die gegen Gottes Willen verstoßen. Glücklich ist, wer sich fernhält von denen, die über alles Heilige herziehen. Glücklich ist, wer Freude hat am Gesetz des Herrn und darüber nachdenkt – Tag und Nacht.

Psalm 1,1f

Hilf mir, daß ich aufrichtig und ehrlich leben kann, Herr, ich vertraue dir! Psalm 25,21

Deine Liebe habe ich ständig vor Augen, und deine Treue bestimmt mein Leben.

Psalm 26,3

Wie man Eisen durch Eisen schleift, so schleift ein Mensch den Charakter eines anderen.

Sprüche 27,17

Orientiert euch an dem, was wahrhaftig, gut und gerecht, was anständig, liebenswert und schön ist. Wo immer ihr etwas Gutes entdeckt, das Lob verdient, darüber denkt nach.

Philipper 4,8

Nehmt nicht die Forderungen dieser Welt zum Maßstab, sondern ändert euch, indem ihr euch an Gottes Maßstäben orientiert.

Römer 12,2

Dankbarkeit

«Dank ist das Opfer, das ich von dir erwarte; erfülle die Versprechen, die du mir, dem Höchsten, gegeben hast!»

Psalm 50,14

Kommt, laßt uns dem Herrn zujubeln! Wir wollen ihn laut preisen, ihn, unseren mächtigen Retter! Laßt uns dankbar zu ihm kommen und ihn mit fröhlichen Liedern besingen!

Psalm 95,1f

Herr, ich danke dir dafür, daß du mich so wunderbar und einzigartig gemacht hast! Großartig ist alles, was du geschaffen hast – das erkenne ich!

Psalm 139,14

Lob und Dank sei Gott, dem Vater unseres Herrn Jesus Christus! Er hat uns mit seinem Geist reich beschenkt, und durch Christus haben wir Zugang zu Gottes himmlischer Welt erhalten.

Epheser 1,3

Im Namen unseres Herrn Jesus Christus dankt Gott, dem Vater, zu jeder Zeit, überall und für alles!

Epheser 5,20

Macht euch keine Sorgen! Ihr dürft Gott um alles bitten. Sagt ihm, was euch fehlt, und dankt ihm!

Philipper 4,6

Demut

Gott hat sich die Schwachen ausgesucht, die aus menschlicher Sicht Einfältigen, um so die Klugen zu beschämen. Gott nahm sich der Schwachen dieser Welt an, um die Starken zu demütigen. Wer von Menschen geringschätzig behandelt, ja verachtet wird, wer bei ihnen nichts zählt, den will Gott für sich haben. Aber alles, worauf Menschen so großen Wert legen, das hat Gott für null und nichtig erklärt.

1. Korinther 1,27f

«Wenn ihr euch nicht ändert und so werdet wie die Kinder, kommt ihr nie in das Reich Gottes. Wer aber so klein und demütig sein kann wie ein Kind, der ist der Größte in Gottes Reich. Und wer solch ein Kind mir zuliebe aufnimmt, der nimmt mich auf.»

Matthäus 18,3–5

Seine Gnade gilt denen, die zum demütigen Gehorsam bereit sind. Deshalb beugt euch in Demut unter Gottes mächtige Hand. Gott wird euch aufrichten, wenn seine Zeit da ist. Überlaßt alle eure Sorgen Gott, denn er sorgt für euch.

1. Petrus 5,5–7

Weil ihr von Gott auserwählt und seine geliebten Kinder seid, ... sollt ihr euch untereinander auch herzlich lieben in Barmherzigkeit, Güte, Demut, Nachsicht und Geduld.

Kolosser 3,12

Depression

Verflucht sei der Tag, an dem ich geboren wurde; der Tag, an dem meine Mutter mich zur Welt brachte, soll für immer vergessen werden! ... Wäre ich doch im Mutterleib gestorben. Dann wäre meine Mutter mein Grab geworden und für immer schwanger geblieben! Warum nur bin ich geboren? Um ein Leben zu führen, das mir nichts als Leid und Elend bringt? Um jeden Tag nur Schimpf und Schande zu ernten?

Jeremia 20,14.17–18

Gott, warum bist du so weit weg? Mein Gott, komm mir schnell zu Hilfe!

Psalm 71,12

Herr, verlaß mich nicht! Mein Gott, bleib nicht fern von mir! Komm und hilf mir schnell! Du bist doch mein Herr und mein Retter!

Psalm 38,22f

Hole mich aus dieser Höhle heraus! Dann will ich dir danken vor allen, die dir vertrauen. Denn du hast eingegriffen und mir geholfen.

Psalm 142,8

Aber er hat zu mir gesagt: «Verlaß dich ganz auf meine Gnade. Denn gerade wenn du schwach bist, kann sich meine Kraft an dir besonders zeigen.»

2. Korinther 12,9

Ehe

So schuf Gott den Menschen als sein Ebenbild, als Mann und Frau schuf er sie.

1. Mose 1,27

Gott, der Herr, dachte sich: «Es ist nicht gut, daß der Mensch allein lebt. Er soll eine Gefährtin bekommen, die zu ihm paßt!»

1. Mose 2,18

Darum verläßt ein Mann seine Eltern und verbindet sich so eng mit seiner Frau, daß die beiden eins sind mit Leib und Seele.

1. Mose 2,24

Laß mich deinem Herzen nahe sein, so wie der Siegelring auf deiner Brust. Ich möchte einzigartig für dich bleiben, so wie der Siegelreif um deinen Arm. Unüberwindlich wie der Tod, so ist die Liebe, und ihre Leidenschaft so unentrinnbar wie das Totenreich! Wen die Liebe erfaßt hat, der kennt ihr Feuer: sie ist eine Flamme Gottes!

Hoheslied 8,6

«Was aber Gott zusammengefügt hat, darf der Mensch nicht trennen.»

Matthäus 19,6

Ordnet euch einander unter; so ehrt ihr Christus.

Epheser 5,21

Ehelosigkeit

Ich wünschte zwar, jeder würde wie ich ehelos leben. Aber wir sind nicht alle gleich. Nach Gottes Willen leben die einen in der Ehe, die anderen bleiben unverheiratet. Den Unverheirateten und Verwitweten rate ich, lieber ledig zu bleiben, wie ich es bin.
1. Korinther 7,7f

Für die unverheirateten Frauen hat der Herr keine ausdrückliche Anweisung gegeben. Aber als Botschafter des Herrn, dem ihr vertrauen könnt, möchte ich euch meine Meinung sagen. Wenn ich daran denke, welch schwere Zeiten uns bevorstehen, scheint es mir das beste zu sein, wenn man unverheiratet bleibt ... Wenn du heiratest, begehst du jedoch keine Sünde. Das gilt in gleicher Weise für Männer wie für Frauen. Nur werdet ihr als Verheiratete besonderen Belastungen ausgesetzt sein, und das würde ich euch gern ersparen.
1. Korinther 7,25–28

Genauso kann eine unverheiratete Frau mit Leib und Seele, von allen anderen Pflichten unbelastet, dem Herrn dienen. Aber eine verheiratete Frau muß auch an ihren Haushalt und an ihren Mann denken. Ich sage dies alles nicht, um euch irgendwelche Vorschriften zu machen, sondern um euch zu helfen. Ich möchte, daß ihr ein vorbildliches Leben führt und unbeirrt nur das eine Ziel verfolgt, dem Herrn zu dienen.
1. Korinther 7,34f

Ehrlichkeit

Wer dich liebt, Herr, den liebst auch du; wer ehrlich ist, den enttäuschst du nicht. Den Aufrichtigen gegenüber bist auch du aufrichtig, doch falsche Menschen führst du hinters Licht.

2. Samuel 22,26f

Mach doch Schluß mit der Bosheit der Bösen, und richte den wieder auf, der deinen Willen tut! Du, Gott, bist unbestechlich, und niemand kann dich täuschen! Ja, Gott beschützt mich; er rettet den, der offen und ehrlich ist.

Psalm 7,10f

Herr, wer darf dein heiliges Zelt betreten? Wer darf dich auf dem Berg Zion anbeten? Jeder, der aufrichtig lebt und andere gerecht behandelt, der durch und durch ehrlich ist und andere nicht verleumdet. Jeder, der seinen Mitmenschen kein Unrecht zufügt, der Nachbarn und Verwandte nicht bloßstellt.

Psalm 15,1–3

Wer ehrlich ist, lebt gelassen und ohne Furcht, ein Unehrlicher aber wird irgendwann ertappt.

Sprüche 10,9

Belügt euch also nicht länger, sondern sagt die Wahrheit. Wir sind doch als Christen die Glieder eines Leibes, der Gemeinde Jesu.

Epheser 4,25

Einsamkeit

Man hört mich klagen wie eine Eule in der Wüste, wie ein Käuzchen in verlassenen Ruinen. Ich kann nicht schlafen; ich bin verlassen und fühle mich wie ein einsamer Vogel auf dem Dach.

Psalm 102,7f

Nie saß ich fröhlich mit anderen Menschen zusammen, ich konnte nicht mit ihnen lachen. Nein, einsam war ich, weil deine Hand auf mir lag … Warum hören meine Schmerzen nicht auf? Warum wollen meine Wunden nicht heilen?

Jeremia 15,17f

Deine innersten Gefühle kannst du mit niemandem teilen – im tiefsten Leid und in der höchsten Freude ist jeder Mensch ganz allein!

Sprüche 14,10

Er gab der Erde ihre Form und legte ihre Fundamente. Nicht als einsame Wüste hat er sie gebildet, sondern als Wohnraum für seine Geschöpfe. Dieser Gott spricht: «Ich bin der Herr, außer mir gibt es keinen Gott.»

Jesaja 45,18

Ein Anwalt der Witwen und ein Vater der Waisen ist Gott in seinem Heiligtum. Den Einsamen gibt er ein Zuhause, den Gefangenen schenkt er Freiheit und Glück.

Psalm 68,6f

Entscheidungen

Herr, zeige mir, welchen Weg ich einschlagen soll, und laß mich erkennen, was du von mir willst! Schritt für Schritt laß mich erfahren, daß du zuverlässig bist. Du bist der Gott, der mir hilft, du warst immer meine einzige Hoffnung.

Psalm 25,4f

Nun müßt ihr euch entscheiden: Wählt zwischen Segen und Fluch! Der Herr, euer Gott, wird euch segnen, wenn ihr auf seine Gebote achtet. Doch sein Fluch trifft euch, wenn ihr nicht darauf hört, sondern vom Weg abweicht, den ich euch heute zeige, wenn ihr anderen Göttern nachlauft, die ihr bisher nicht einmal kanntet.

5. Mose 11,26–28

Ich bete darum, daß eure Liebe immer reicher und tiefer wird, je mehr ihr Gottes Willen erkennt und euch danach richtet. So lernt ihr entscheiden, wie ihr leben sollt, um am Gerichtstag Jesu Christi untadelig und ohne Schuld vor euern Richter treten zu können.

Philipper 1,9f

Der Herr ist zuverlässig und gerecht, deshalb liebt er alle, die gerechte Entscheidungen treffen; sie werden ihn einst schauen.

Psalm 11,7

Enttäuschung

Wer so verzweifelt ist wie ich, braucht Freunde, die fest zu ihm halten, selbst wenn er Gott nicht mehr glaubt. Ihr aber enttäuscht mich wie die Flüsse in der Wüste, deren Bett vertrocknet, sobald kein Regen mehr fällt.
Hiob 6,14

Herr, du gebietest über alle himmlischen Heere, und du bist Herr und Gott in Israel: Enttäusche nicht die Menschen, die dir vertrauen! Denn wenn sie sehen, daß du mich im Stich läßt, werden sie an dir verzweifeln!
Psalm 69,7

Jerusalem, du bist wie eine verstoßene Frau, die tief enttäuscht ist, weil ihr Mann, der sie als junge Frau liebte, sie verlassen hat. Doch der Herr ruft dich zu sich zurück und sagt zu dir: «Nur für kurze Zeit habe ich dich verlassen. Ich will dich wieder zu mir holen, denn ich liebe dich immer noch. Im Zorn habe ich mich für einen Augenblick von dir zurückgezogen. Doch ich habe Erbarmen mit dir, und meine Liebe wird nie mehr aufhören. Das verspreche ich, der Herr, dein Erlöser.
Jesaja 54,6–8

«Ich bin der Herr! Ich enttäusche keinen, der mir sein Vertrauen schenkt.»
Jesaja 49,23

Erfolg

Denn der Herr, euer Gott, hat immer dafür gesorgt, daß es euch an nichts fehlt. Er hat euch gesegnet und all eure Arbeit gelingen lassen. Durch diese weite Wüste hat er euch begleitet und ist die ganzen vierzig Jahre bei euch gewesen.

5. Mose 2,7

«Sei mutig und entschlossen! Bemühe dich darum, das ganze Gesetz zu befolgen, das dir mein Diener Mose gegeben hat. Weiche nicht davon ab! Dann wirst du bei allem, was du tust, Erfolg haben. Sag dir die Gebote immer wieder auf! Denke Tag und Nacht über sie nach, damit du dein Leben ganz nach ihnen ausrichtest. Dann wird dir alles gelingen, was du dir vornimmst.»

Josua 1,7f

Auch dein Vater liebte auserlesene Speisen, doch er sorgte für Recht und Gerechtigkeit, und darum ging es ihm gut. Er verhalf den Wehrlosen und Armen zu ihrem Recht und hatte Erfolg bei dem, was er tat. Wer so lebt, hat mich, den Herrn, wirklich erkannt.

Jeremia 22,15f

Denn das ist mir klargeworden: Gegenüber dem unvergleichlichen Gewinn, daß Jesus Christus mein Herr ist, hat alles andere seinen Wert verloren. Ja, alles andere ist für mich nur noch Dreck, wenn ich bloß Christus habe.

Philipper 3,8

Erschöpfung

Mein Leben verflüchtigt sich wie Rauch, mein ganzer Körper glüht, von Fieber geschüttelt. Meine Kraft vertrocknet wie abgemähtes Gras, selbst der Hunger ist mir vergangen, ich bin nur noch Haut und Knochen! Laut stöhnend wälze ich mich auf meinem Lager hin und her.

Psalm 102,4–6

Den Erschöpften gibt er neue Kraft, und die Schwachen macht er stark. ... Aber alle, die ihre Hoffnung auf den Herrn setzen, bekommen neue Kraft. Sie sind wie Adler, denen mächtige Schwingen wachsen. Sie gehen und werden nicht müde, sie laufen und sind nicht erschöpft.

Jesaja 40,29–31

Denn obwohl uns die Schwierigkeiten von allen Seiten bedrängen, lassen wir uns nicht von ihnen überwältigen. Wir sind oft ratlos, aber nie verzweifelt ... Indem wir tagtäglich unser Leben für Jesus einsetzen, erfahren wir am eigenen Leib etwas von seinem Sterben. Wir erfahren dadurch aber auch etwas vom Leben des auferstandenen Jesus.

2. Korinther 4,8.10

Richtet eure kraftlos und müde gewordenen Hände wieder auf zum Gebet, damit ihr stark werdet. Eure zitternden Knie sollen wieder fest werden, damit ihr sichere Schritte im Glauben tun könnt.

Hebräer 12,12

Erwartung

Wie ... eine Magd auf einen Wink ihrer Herrin achtet – so blicken wir auf den Herrn, unseren Gott, bis er uns ein Zeichen seiner Gnade gibt.

Psalm 123,2

Er freut sich über alle, die ihm in Ehrfurcht begegnen und von seiner Gnade alles erwarten.

Psalm 147,11

Unser Bürgerrecht aber haben wir im Himmel. Von dort erwarten wir auch Jesus Christus, unseren Retter. Dann wird unser hinfälliger, sterblicher Leib verwandelt und seinem auferstandenen, unvergänglichen Leib gleich werden. Denn Christus hat die Macht über alles.

Philipper 3,20f

Was wir jetzt leiden müssen, dauert nicht lange und ist leicht zu ertragen, wenn wir bedenken, welch unendliche, unvorstellbare Herrlichkeit uns erwartet. Deshalb lassen wir uns von dem, was uns zur Zeit so sichtbar bedrängt, nicht ablenken, sondern wir richten unseren Blick auf Gottes neue Welt, auch wenn sie noch unsichtbar ist.

2. Korinther 4,17f

Was euch erwartet, ist so unvorstellbar, daß selbst die Engel gern mehr davon erfahren würden. Darum seid bereit und stellt euch ganz und gar auf dieses Ziel ein.

1. Petrus 1,12f

Erziehung

Ihr sollt den Herrn, euren Gott, lieben und auf ihn hören! Lebt nach seinen Ordnungen, Weisungen und Geboten! Denkt daran, was er getan hat, um euch zu erziehen!

5. Mose 11,1f

Erziehe dein Kind schon in jungen Jahren – es wird die Erziehung nicht vergessen, auch wenn es älter wird. Sprüche 22,6

Ihr Eltern, behandelt eure Kinder nicht ungerecht! Sonst fordert ihr sie nur zum Widerspruch heraus. Eure Erziehung muß vielmehr in Wort und Tat von der Liebe zu Christus bestimmt sein.

Epheser 6,4

Ein unverständiger Mensch verachtet die Erziehung seiner Eltern; wer sich ermahnen läßt, ist klug. Sprüche 15,5

Unsere leiblichen Väter haben uns eine bestimmte Zeit erzogen, wie sie es für richtig hielten. Gott aber weiß wirklich, was zu unserem Besten dient. Wir sollen ihm als seine Kinder ähnlich werden.

Hebräer 12,10

«Es ist ein Zeichen meiner Liebe, wenn ich deine Schuld aufdecke und dich mit Strenge erziehe. Nimm dir das zu Herzen und kehre um!»

Offenbarung 3,19

Fähigkeiten

[Gott hat sie] mit Weisheit erfüllt und sie fähig gemacht, alle Arbeiten eines Kunsthandwerkers, Stickers oder Buntwebers auszuführen. Sie können mit … Stoff und mit feinem Leinen umgehen, sie können weben und auch alles selbst entwerfen und ausführen. 2. Mose 35,35

Ich stehe euch mit Rat und Tat zur Seite; so werdet ihr klug und fähig zum Handeln.

Sprüche 8,14

Der Herr schaut vom Himmel herab und sieht jeden Menschen … Er gibt ihnen die Fähigkeit zum Denken und Handeln; über alles, was sie tun, weiß er Bescheid.

Psalm 33,13–15

«Er rief alle Verwalter zusammen und beauftragte sie, während seiner Abwesenheit mit seinem Vermögen zu arbeiten. Dem einen gab er fünf Goldstücke, einem anderen zwei und dem dritten eins, entsprechend den Fähigkeiten, die er bei ihnen voraussetzte.»

Matthäus 25,14f

Was du von mir in Gegenwart vieler Zeugen gehört hast, das gib jetzt an zuverlässige Christen weiter, die fähig sind, auch andere im Glauben zu unterweisen.

2. Timotheus 2,2

Familie

Wenn es euch aber nicht gefällt, dem Herrn zu dienen, dann entscheidet euch heute, wem ihr gehören wollt: den Göttern, die eure Vorfahren jenseits des Euphrat verehrt haben, oder den Göttern der Amoriter, in deren Land ihr lebt. Ich aber und meine Familie, wir wollen dem Herrn dienen.

Josua 24,15

So bitte ich dich nun, Herr, mein Gott: Laß deine Zusage für mich und meine Familie ewig gelten, und löse dein Versprechen ein!

2. Samuel 7,25

Wer Haus und Familie vernachlässigt, wird schließlich vor dem Nichts stehen; und der Dummkopf wird zum Diener eines Klugen.

Sprüche 11,29

Eine tüchtige Frau hält das Haus in Ordnung und sorgt für die Familie, eine leichtfertige aber zerstört alles.

Sprüche 14,1

«Eine Stadt oder eine Familie, in der man sich gegenseitig bekämpft, hat keinen Bestand.»

Matthäus 12,25

Glaube an den Herrn Jesus, dann wirst du mit deiner Familie gerettet.

Apostelgeschichte 16,31

Freiheit

Durch große Wunder und gewaltige Taten hat der Herr, euer Gott, ... euch mit starker Hand in die Freiheit geführt. Genauso wird er seine Macht den Völkern zeigen, vor denen ihr euch jetzt fürchtet.

5. Mose 7,19

«Er hat mich beauftragt, den Armen die frohe Botschaft zu bringen. Den Gefangenen soll ich die Freiheit verkünden, den Blinden sagen, daß sie sehen werden, und den Unterdrückten, daß sie bald von jeder Gewalt befreit sein sollen. Jetzt erläßt Gott alle Schuld.»

Lukas 4,18f

Durch Christus sind wir frei geworden, damit wir als Befreite leben. Jetzt kommt es darauf an, daß ihr euch nicht wieder vom Gesetz gefangennehmen laßt.

Galater 5,1

Maßstab eures Redens und Handelns soll das Gesetz Gottes sein, das euch zur Liebe verpflichtet und euch Freiheit schenkt. Danach werdet ihr einmal gerichtet.

Jakobus 2,12

Durch Christus wurde euch die Freiheit geschenkt. Das bedeutet aber nicht, daß ihr jetzt tun und lassen könnt, was ihr wollt. Nehmt vielmehr in gegenseitiger Liebe Rücksicht aufeinander.

Galater 5,13

Freude

Ich sehe immer auf den Herrn. Er steht mir zur Seite, damit ich nicht falle. Darüber freue ich mich so sehr, daß ich es nicht für mich behalten kann.

Psalm 16,8f

Ich freue mich über den Herrn und juble laut über meinen Gott! Denn er hat mir seine Rettung und Hilfe geschenkt. Er hat mich damit bekleidet wie mit einem schützenden Mantel.

Jesaja 61,10

Laßt den Mut nicht sinken, denn die Freude am Herrn gibt euch Kraft!

Nehemia 8,10

«Laßt euch nicht davon beeindrucken, daß euch die Dämonen gehorchen müssen; freut euch vielmehr darüber, daß eure Namen im Himmel eingetragen sind!»

Lukas 10,20

Freut euch, daß ihr zu Jesus Christus gehört. Und noch einmal will ich es sagen: Freut euch!

Philipper 4,4

«So wird man sich auch im Himmel über einen verlorenen Sünder, der zu Gott umkehrt, mehr freuen als über neunundneunzig andere, die es nicht nötig haben, Buße zu tun.»

Lukas 15,7

Freundschaft

Wer so verzweifelt ist wie ich, braucht Freunde, die fest zu ihm halten, selbst wenn er Gott nicht mehr glaubt.

Hiob 6,14

Wer über die Fehler anderer hinwegsieht, gewinnt ihre Liebe; wer alte Fehler immer wieder ausgräbt, zerstört jede Freundschaft.

Sprüche 17,9

Eine aufrichtige Antwort ist ein Zeichen echter Freundschaft, so wie ein Kuß auf die Lippen!

Sprüche 24,26

Ein Freund meint es gut, selbst wenn er dich verletzt; ein Feind aber schmeichelt dir mit übertrieben vielen Küssen.

Sprüche 27,6

«Nun ist der Menschensohn gekommen, ißt und trinkt wie jeder andere Mensch, und ihr beschimpft ihn: ‹Er ist ein Fresser und Säufer. Verbrecher und anderes Gesindel sind seine Freunde!›»

Lukas 7,34

«Ich nenne euch nicht mehr Knechte; denn einem Knecht sagt der Herr nicht, was er vorhat. Ihr aber seid meine Freunde; denn ich habe euch alles gesagt, was ich vom Vater gehört habe.»

Johannes 15,15

Friede

«Ach, hättet ihr doch meine Gebote befolgt! Dann wäre euer Friede wie ein Strom, der nie versiegt.»

Jesaja 48,18

Gott hat durch Christus Frieden mit der Welt geschlossen, indem er den Menschen ihre Sünden nicht länger anrechnet, sondern sie vergibt.

2. Korinther 5,19

«Auch wenn ich nicht bei euch bleibe, sollt ihr doch Frieden haben. Es ist mein Friede, den ich euch gebe; ein Friede, den sonst keiner geben kann. Seid deshalb ohne Sorge und Furcht!»

Johannes 14,27

«Dies alles habe ich euch gesagt, damit ihr durch mich Frieden habt. In der Welt werdet ihr von allen Seiten bedrängt, aber vertraut darauf: Ich habe die Welt besiegt.»

Johannes 16,33

Und der Friede, den Christus schenkt, soll euer ganzes Leben bestimmen. Gott hat euch dazu berufen, als Gemeinde Jesu in diesem Frieden eins zu sein. Dankt Gott dafür!

Kolosser 3,15

Soweit es irgend möglich ist und von euch abhängt, lebt mit allen Menschen in Frieden.

Römer 12,18

Frustration

«Du wirst viel Mühe haben in der Schwangerschaft. Unter Schmerzen wirst du deine Kinder zur Welt bringen. Du wirst dich nach deinem Mann sehnen, aber er wird dein Herr sein! ... Der Ackerboden soll verflucht sein. Dein ganzes Leben lang wirst du dich abmühen, ... aber er wird immer wieder mit Dornen und Disteln übersät sein.»

1. Mose 3,16–18

«Wenn ihr meine Ordnungen mißachtet und meine Weisungen verabschiedet, ... werdet ihr die Folgen zu spüren bekommen! ... Vergeblich werdet ihr eure Saat aussäen, denn die Feinde werden die ganze Ernte rauben.»

3. Mose 26,15f

Denn was bleibt dem Menschen von seiner Mühe und von all seinen Plänen? Sein Leben lang hat er nichts als Ärger und Sorgen, sogar nachts findet er keine Ruhe! Und doch ist alles vergeblich.

Prediger 2,22f

Herr, unser Gott! Zeige uns deine Güte! Laß unsere Mühe nicht vergeblich sein! Ja, laß unsere Arbeit Früchte tragen! Psalm 90,17

Bleibt fest und unerschütterlich in euerm Glauben! Setzt euch für den Herrn ganz ein; denn ihr wißt, nichts ist vergeblich, was ihr für ihn tut.

1. Korinther 15,58

Führung

Zeige mir, was ich tun soll! Führe mich auf sicherem Weg, meinen Feinden zum Trotz.

Psalm 27,11

Hilf mir, so zu leben, wie du es willst, denn du bist mein Gott! Führe mich durch deinen guten Geist! Dann werde ich erleben, wie du mir Hindernisse aus dem Weg räumst.

Psalm 143,10

Dein Wort ist wie ein Licht in der Nacht, das meinen Weg erleuchtet.

Psalm 119,105

Er weidet mich auf saftigen Wiesen und führt mich zu frischen Quellen … Er leitet mich auf sicheren Wegen, weil er der gute Hirte ist. Und geht es auch durch dunkle Täler, fürchte ich mich nicht, denn du, Herr, bist bei mir.

Psalm 23,2–4

Ihn, den Gott unseres Herrn Jesus Christus, den Vater, dem alle Herrlichkeit gehört, bitte ich darum, euch Weisheit zu geben, daß ihr ihn immer besser erkennt und er euch zeigt, was sein Wille ist.

Epheser 1,17

«Ja, ihr seid meine Herde, und ich bin der Herr, euer Gott; ich führe euch auf gute Weide. Das verspreche ich euch!»

Hesekiel 34,31

Geben

Jeder soll soviel geben, wie er kann, je nachdem, wie reich der Herr ihn beschenkt hat.

5. Mose 16,17

«Gib dem, der dich um etwas bittet, und auch dem, der etwas von dir leihen will.»

Matthäus 5,42

«Denn als ich hungrig war, habt ihr mir zu essen gegeben. Als ich Durst hatte, bekam ich von euch etwas zu trinken. Ich war ein Fremder bei euch, und ihr habt mich aufgenommen. Ich war nackt, ihr habt mir Kleidung gegeben. ... Was ihr für einen meiner geringsten Brüder getan habt, das habt ihr für mich getan!»

Matthäus 25,35–40

Wenn ihr wirklich etwas geben wollt, dann ist es nicht entscheidend, wieviel ihr geben könnt. Denn Gott wird eure Gabe nach dem beurteilen, was ihr habt, und nicht nach dem, was ihr nicht habt. Ihr sollt nicht dadurch in Not geraten, weil ihr anderen aus der Not helft. Es geht nur um einen Ausgleich.

2. Korinther 8,12f

So soll jeder für sich selbst entscheiden, wieviel er geben will, und zwar freiwillig, und nicht, weil die anderen es tun. Denn Gott liebt den, der fröhlich und bereitwillig gibt.

2. Korinther 9,7

Gebet

Fragt nach dem Herrn, und rechnet mit seiner Macht, wendet euch immer wieder an ihn!

1. Chronik 16,11

«Leiere deine Gebete nicht herunter wie Leute, die Gott nicht kennen. Sie meinen, Gott würde schon antworten, wenn sie nur viele Worte machen. Nein, euer Vater weiß genau, was ihr braucht, noch ehe ihr ihn um etwas bittet.»

Matthäus 6,8

«Bittet Gott, und er wird euch geben! Sucht, und ihr werdet finden! Klopft an, dann wird euch die Tür geöffnet!»   Matthäus 7,7

Hört niemals auf zu beten. Vergeßt auch nicht, Gott für alles zu danken. Denn das erwartet Gott von seinen Kindern.

1. Thessalonicher 5,17f

Dabei hilft uns der Heilige Geist in all unseren Schwächen und Nöten. Wissen wir doch nicht einmal, wie wir beten sollen, damit Gott uns erhören kann. Deshalb hilft uns der Heilige Geist und betet für uns auf eine Weise, wie wir es mit unseren Worten nie könnten. Aber Gott, der uns ganz genau kennt, weiß natürlich auch, was der Heilige Geist für uns betet; denn er vertritt uns im Gebet, wie es dem Willen Gottes entspricht.

Römer 8,26f

Geborgenheit

Schenke mir Geborgenheit, wie ein Haus, in das ich jederzeit kommen kann! Du hast doch beschlossen, mich zu retten! Ja, du bietest mir Schutz, du bist meine Burg.

Psalm 71,3

Alle, die dir vertrauen, werden sich freuen und dich loben, denn bei dir sind sie geborgen. Wer dich liebt, wird jubeln vor Freude. Wer dir treu bleibt, den beschenkst du mit Frieden und Glück, den umgibst du mit deiner schützenden Liebe.

Psalm 5,12f

Ich bin zur Ruhe gekommen. Mein Herz ist zufrieden und still. Wie ein Kind in den Armen seiner Mutter, so ruhig und geborgen bin ich bei dir!

Psalm 131,2

Was also könnte uns von Christus und seiner Liebe trennen? Leiden und Angst vielleicht? Verfolgung? Hunger? Armut? Gefahr oder gewaltsamer Tod? ... Denn da bin ich ganz sicher: Weder Tod noch Leben, weder Engel noch Dämonen, weder Gegenwärtiges noch Zukünftiges, noch irgendwelche Gewalten, weder Himmel noch Hölle oder sonst irgend etwas können uns von der Liebe Gottes trennen, die er uns in Jesus Christus, unserem Herrn, bewiesen hat.

Römer 8,35.38

Gedanken

Wie machtvoll sind deine Werke, und wie tief deine Gedanken! Nur ein unvernünftiger Mensch sieht das nicht ein.

Psalm 92,6f

«Meine Gedanken sind nicht eure Gedanken, und meine Wege sind nicht eure Wege. Denn wie der Himmel die Erde überragt, so sind auch meine Wege viel höher als eure Wege und meine Gedanken als eure Gedanken.»

Jesaja 55,8f

Ich preise den Herrn, denn er hilft mir, gute Entscheidungen zu treffen. Tag und Nacht sind meine Gedanken bei ihm.

Psalm 16,7

Durchforsche mich, o Gott, und sieh mir ins Herz, prüfe meine Gedanken und Gefühle! Sieh, ob ich in Gefahr bin, dir untreu zu werden, dann hol mich zurück auf den Weg, der zum ewigen Leben führt!

Psalm 139,23f

Herr, laß dir meine Worte und meine Gedanken gefallen! Bei dir bin ich geborgen, du bist mein Retter!

Psalm 19,15

Wir haben seinen Geist und kennen seine Gedanken.

1. Korinther 2,16

Geduld

«Ich bin der Herr, der barmherzige und gnädige Gott. Meine Geduld ist groß, meine Liebe und Treue kennen kein Ende!»

2. Mose 34,6

Geduld zu haben ist besser, als ein Held zu sein; und sich selbst beherrschen ist besser, als Städte zu erobern!

Sprüche 16,32

So spricht der Herr, der heilige Gott Israels: «Kehrt doch um zu mir, und werdet ruhig, dann werdet ihr gerettet! Vertraut mir, und habt Geduld, dann seid ihr stark!»

Jesaja 30,15

Der Heilige Geist bringt in unserem Leben nur Gutes hervor: Liebe und Freude, Frieden und Geduld, Freundlichkeit, Güte und Treue, Besonnenheit und Selbstbeherrschung.

Galater 5,22

«Ich sehe alles, was du tust. Ich weiß, mit welcher Liebe du mir dienst und mit welcher Treue du am Glauben festhältst. Ich weiß, daß du dich ... für andere aufopferst, und ich kenne deine Geduld.»

Offenbarung 2,19

Seid freundlich und geduldig, gebt andere nicht so schnell auf! Epheser 4,2

Gehorsam

«Es steht geschrieben: Bete allein Gott, deinen Herrn, an und gehorche ihm!»

Matthäus 4,10

Der Herr aber beschützt alle, die ihm gehorchen und auf seine Gnade vertrauen.

Psalm 33,18

Gehorsam ist wichtiger als das Schlachten von Opfertieren. Es ist besser, auf den Herrn zu hören, als ihm das beste Opfer zu bringen.

1. Samuel 15,22

«Laß sie dir immer ähnlicher werden und der Wahrheit gehorchen. Dein Wort ist die Wahrheit.»

Johannes 17,17

Auch Jesus, der Sohn Gottes, mußte durch sein Leiden lernen, was Gehorsam heißt.

Hebräer 5,8

Man muß Gott mehr gehorchen als den Menschen!

Apostelgeschichte 5,29

Ihr aber seid das von Gott auserwählte Volk, seine königlichen Priester, Menschen, die ihm gehorchen und sein Eigentum sind. Deshalb sollt ihr die großen Taten Gottes verkündigen, der euch aus der Finsternis befreit und in sein wunderbares Licht geführt hat.

1. Petrus 2,9

Geiz

Seid nicht geizig! Verweigert den Armen aus eurem Volk nicht die nötige Hilfe! Sonst werden sie zum Herrn um Hilfe rufen, und ihr macht euch schuldig.

5. Mose 15,9

Manche sind freigebig und werden dabei immer reicher, andere sind geizig und werden arm dabei.

Sprüche 11,24

Habgier führt zu Streit; wer aber dem Herrn vertraut, dem fehlt nichts.

Sprüche 28,25

Trennt euch ganz entschieden von allen selbstsüchtigen Wünschen, wie sie für diese Welt kennzeichnend sind! Trennt euch von Sittenlosigkeit und Unmoral, von Leidenschaften und Lastern, aber auch von der Habgier, die den Besitz für das Wichtigste im Leben hält und ihn zu ihrem Gott macht!

Kolosser 3,5

Denn alles Böse wächst aus der Habgier. Schon so mancher ist ihr verfallen und hat dadurch seinen Glauben verloren.

1. Timotheus 6,10

Gib mir Liebe zu deinem Wort und laß nicht zu, daß ich habgierig werde!

Psalm 119,36

Gelassenheit

Wer ehrlich ist, lebt gelassen und ohne Furcht, ein Unehrlicher aber wird irgendwann ertappt.

Sprüche 10,9

Wer gelassen und ausgeglichen ist, lebt gesund. Der Eifersüchtige wird von seinen Gefühlen innerlich zerfressen.

Sprüche 14,30

Wer das Urteil der Menschen fürchtet, gerät in ihre Abhängigkeit; wer dem Herrn vertraut, ist gelassen und sicher.

Sprüche 29,25

Verhaltet euch klug und besonnen denen gegenüber, die keine Christen sind.

Kolosser 4,5

Laßt euch nicht durch Gerüchte verwirren und erschrecken, der Tag des Herrn sei schon da. Bleibt kritisch und besonnen, wenn ihr von Visionen und angeblichen Offenbarungen Gottes hört.

2. Thessalonicher 2,2

«Wenn sie euch verhaften und vor Gericht bringen, bleibt ruhig. Ihr braucht euch nicht darum zu sorgen, was ihr aussagen sollt! Zur rechten Zeit wird Gott euch das rechte Wort geben.»

Markus 13,11

Gemeinschaft

Vor der ganzen Gemeinde erzähle ich voll Freude, daß auf deine Zusagen Verlaß ist. Nichts kann mich abhalten, davon zu reden – das weißt du, Herr!

Psalm 40,10

Halleluja – lobt den Herrn! Ich will dem Herrn von ganzem Herzen danken vor allen, die ihm treu sind – ja, vor der ganzen Gemeinde!

Psalm 111,1

«Ich verlasse jetzt die Welt und komme zu dir. Sie aber bleiben zurück. Heiliger Vater, erhalte sie in der Gemeinschaft mit dir, damit sie untereinander eins werden, so wie wir eins sind.»

Johannes 17,11

«Sie alle sollen eins sein, genauso wie du, Vater, mit mir eins bist. So wie du in mir bist und ich in dir bin, sollen auch sie in uns fest miteinander verbunden sein. Dann werden sie die Welt überzeugen, daß du mich gesandt hast.»

Johannes 17,21

Helft und ermutigt ihr euch als Christen gegenseitig? Seid ihr zu liebevollem Trost bereit? Spürt man bei euch etwas von der Gemeinschaft, die der Heilige Geist schafft? Verbindet euch herzliche und mitfühlende Liebe?

Philipper 2,1

Gerechtigkeit

Was der Herr sagt, das meint er auch so, und auf das, was er tut, kann man sich verlassen. Er liebt Recht und Gerechtigkeit, seine Güte könnt ihr auf der ganzen Erde erfahren.

Psalm 33,4f

Er wird allen helfen, die ihm mit Ehrfurcht begegnen, seine Macht und Hoheit wird wieder in unserem Lande wohnen. Dann verbünden sich Güte und Treue, dann küssen einander Gerechtigkeit und Frieden. Treue wird aus der Erde sprießen und Gerechtigkeit vom Himmel herabblicken.

Psalm 85,10–12

Der Herr fragt: «Was soll ich mit euren vielen Opfern anfangen? ... Lernt wieder, Gutes zu tun! Sorgt für Recht und Gerechtigkeit, tretet den Gewalttätern entgegen, und schafft den Waisen und Witwen Recht!»

Jesaja 1,11.17

«Glücklich sind, die sich nach Gottes Gerechtigkeit sehnen, denn Gott wird ihre Sehnsucht stillen.»

Matthäus 5,6

Gott spricht nämlich jeden von seiner Schuld frei und nimmt jeden an, der an Jesus Christus glaubt. Nur diese Gerechtigkeit läßt Gott gelten.

Römer 3,22

Gerede

Ein weiser Mensch wird geachtet für seine Worte; aber ein Dummkopf richtet sich durch sein Gerede selbst zugrunde.

Prediger 10,12

Wer klatschsüchtig ist, wird auch anvertraute Geheimnisse ausplaudern; ein zuverlässiger Mensch schweigt.

Sprüche 11,13

Plaudere nicht die Geheimnisse aus, die ein anderer dir anvertraut hat; denn sonst wird jeder wissen, daß du nichts für dich behalten kannst, und du kommst selbst ins Gerede!

Sprüche 25,9f

Hoffentlich erwarten mich bei euch nicht wieder ... häßliche Auseinandersetzungen! Hoffentlich gibt es nicht wieder Verleumdung und bösartiges Gerede, Hochmut und Unfrieden!

2. Korinther 12,20

Hört auf mit aller Bosheit und allem Betrug! Heuchelei, Neid und böses Gerede darf es bei euch nicht länger geben.

1. Petrus 2,1

[Die älteren Frauen] sollen nicht klatschen und tratschen noch sich betrinken, sondern in allen Dingen mit gutem Beispiel vorangehen.

Titus 2,3

Geschäftsleben

Eine tüchtige Frau ... ist wertvoller als viele Juwelen! ... Sie hält Ausschau nach einem ertragreichen Feld und kauft es; von dem Geld, das ihre Arbeit einbringt, pflanzt sie einen Weinberg. ... Sie merkt, daß ihr Fleiß Gewinn bringt; beim Licht der Lampe arbeitet sie bis spät in die Nacht. Ihre Stoffe webt und spinnt sie selbst. Sie erbarmt sich über die Armen und gibt den Bedürftigen, was sie brauchen. ... Sie näht Kleidung aus wertvollen Stoffen und verkauft sie, ihre selbstgemachten Gürtel bietet sie den Händlern an. Sie ist eine würdevolle und angesehene Frau, zuversichtlich blickt sie in die Zukunft. Sie redet nicht gedankenlos, und ihre Anweisungen gibt sie freundlich. ... Rühmt sie für ihre Arbeit und Mühe! In der ganzen Stadt soll sie für ihre Taten geehrt werden!

Sprüche 31,10–31 (Auszüge)

Weisheit und Verstand haben dich sehr reich gemacht, deine Schatzkammern sind voll mit Silber und Gold. Durch kluge Geschäfte hast du deinen Besitz immer weiter vergrößert. Doch all dies hat dich stolz und überheblich gemacht, und nun glaubst du, genauso zu sein wie Gott.

Hesekiel 28,4–6

Ihr sollt nicht stehlen, nicht lügen und einander nicht betrügen!

3. Mose 19,11

Gesundheit

«Erkennt doch: Ich allein bin Gott, und es gibt keinen außer mir. Ich ganz allein bestimme über Tod und Leben, über Krankheit und Gesundheit. Niemand kann euch meiner Macht entreißen.»

5. Mose 32,39

Denn ich beneidete die überheblichen Menschen: ihnen geht es gut, obwohl Gott ihnen völlig gleichgültig ist. Ihr Leben lang haben sie keine Schmerzen, sie strotzen vor Gesundheit und Kraft.

Psalm 73,3f

In ausweglosen Lage schrien sie zum Herrn, und er rettete sie aus ihrer Not. Er sprach nur ein Wort, und sie wurden gesund. So rettete er sie vor dem sicheren Tod.

Psalm 107,19f

Sie befreiten Menschen, die von bösen Geistern beherrscht waren, und salbten viele Kranke mit Öl. Und die Kranken wurden gesund.

Markus 6,13

Gott ... läßt er mich unter einer Krankheit leiden, die mir schwer zu schaffen macht ... Dreimal schon habe ich Gott angefleht, daß er mich davon befreit. Aber er hat zu mir gesagt: «Verlaß dich ganz auf meine Gnade. Denn gerade wenn du schwach bist, kann sich meine Kraft an dir besonders zeigen.»

2. Korinther 12,7–9

Gewissen

«Wer darf auf den Berg des Herrn gehen und seinen heiligen Tempel betreten?» «Jeder, der kein Unrecht tut und ein reines Gewissen hat. ... Einen solchen Menschen wird Gott reich beschenken und für schuldlos erklären; der Herr ist sein Helfer!»

Psalm 24,3–5

Wer kann schon behaupten: «Ich bin frei von jeder Schuld und habe ein reines Gewissen.»?

Sprüche 20,9

Reinige mich von meiner Schuld, dann bin ich wirklich rein; wasche meine Sünde ab, und mein Gewissen ist wieder weiß wie Schnee!

Psalm 51,9

Das Blut Jesu Christi hat uns von unserem schlechten Gewissen befreit und von aller Schuld reingewaschen.

Hebräer 10,22

Deshalb, meine Kinder, laßt uns einander lieben: nicht mit leeren Worten, sondern mit tatkräftiger Liebe und in aller Aufrichtigkeit. Daran zeigt es sich, daß Jesus Christus unser Leben bestimmt. So können wir mit einem guten Gewissen vor Gott treten. Doch auch wenn unser Gewissen uns anklagt und schuldig spricht, dürfen wir darauf vertrauen, daß Gott größer ist als unser Gewissen. Er kennt uns ganz genau.

1. Johannes 3,18–20

Gewohnheiten

«Mein Volk ist töricht und verbohrt, sie wollen mich nicht kennen. Sie sind wie unverständige und dumme Kinder. Böses zu tun, daran haben sie sich gewöhnt, aber wie man Gutes tut, das wissen sie nicht mehr!»

Jeremia 4,22

«Ich, der Herr, sage dir: Kann ein Schwarzer etwa seine Hautfarbe wechseln oder ein Leopard sein geflecktes Fell? Genausowenig kannst du Gutes tun, die du ans Böse gewöhnt bist!»

Jeremia 13,23

Versäumt nicht die Zusammenkünfte eurer Gemeinde, wie es sich einige angewöhnt haben. Ermahnt euch gegenseitig dabeizubleiben. Ihr seht ja, daß der Tag nahe ist, an dem der Herr wiederkommt.

Hebräer 10,25

Darum rate ich euch: Laßt euer Leben vom Heiligen Geist bestimmen. Wenn er euch führt, werdet ihr allen selbstsüchtigen Wünschen und Verlockungen widerstehen können.

Galater 5,16

Denn in solchen Leiden lernen wir, geduldig zu werden. Geduld aber vertieft und festigt unseren Glauben, und das wiederum gibt uns Hoffnung. Und diese Hoffnung wird uns nicht enttäuschen.

Römer 5,3f

Gleichberechtigung

So schuf Gott den Menschen als sein Ebenbild, als Mann und Frau schuf er sie.

1. Mose 1,27

«Wenn ein Mensch, gleich ob Mann oder Frau, ein Gelübde abgelegt hat, sich eine Zeitlang ganz mir, dem Herrn, zu weihen, ... dient er allein mir.»

4. Mose 6,2.5

Ihr Mächtigen ... gilt noch gleiches Recht für alle, wenn ihr eure Urteile fällt?

Psalm 58,2

«In späterer Zeit will ich, der Herr, alle Menschen mit meinem Geist erfüllen. Eure Söhne und Töchter werden aus göttlicher Eingebung reden, die alten Männer werden bedeutungsvolle Träume haben und die jungen Männer Visionen; ja, sogar euren Sklaven und Sklavinnen gebe ich in jenen Tagen meinen Geist.» Joel 3,1 f

Die vier Töchter des Philippus waren unverheiratet geblieben und hatten von Gott prophetische Gaben bekommen.

Apostelgeschichte 21,9

Jetzt ist es nicht mehr wichtig, ob ihr Juden oder Griechen, Sklaven oder Freie, Männer oder Frauen seid: in Christus seid ihr alle eins.

Galater 3,28

Glück

Heute stelle ich euch vor die Entscheidung zwischen Glück und Unglück, zwischen Leben und Tod. ... Liebt den Herrn, euren Gott! Geht den Weg, den er euch zeigt, und beachtet seine Gebote, Weisungen und Ordnungen! Dann ... wird der Herr, euer Gott, euch segnen.

5. Mose 30,15f

Du bist mein Herr, mein ganzes Glück!

Psalm 16,2

Bei dir, Herr, bin ich in Sicherheit. Denn du wirst mich nicht dem Tod und der Verwesung überlassen, ich gehöre ja zu dir. Du zeigst mir den Weg, der zum Leben führt. Du beschenkst mich mit Freude, denn du bist bei mir. Ich kann mein Glück nicht fassen, nie hört es auf.

Psalm 16,9–11

Glücklich ist der Mensch, der seine Hilfe von dem Gott Jakobs erwartet! Glücklich ist, wer seine Hoffnung auf den Herrn setzt!

Psalm 146,5

Wer aber die Botschaft von der Rettung und Befreiung erkannt hat und immer wieder danach handelt, der hat sie nicht vergeblich gehört. Er kann glücklich sein, denn Gott wird ihn segnen und alles, was er tut.

Jakobus 1,25

Gottesdienst

«Sechs Tage sollt ihr arbeiten, aber der siebte Tag ist ein ganz besonderer Ruhetag. Dann sollt ihr euch zum Gottesdienst versammeln. Es ist der Sabbat, der mir, dem Herrn, geweiht ist. An diesem Tag dürft ihr keinerlei Arbeit verrichten, wo immer ihr auch wohnt.»

3. Mose 23,3

Eines Tages kam Jesus wieder in seine Heimatstadt Nazareth. Am Sabbat ging er wie gewohnt in die Synagoge.

Lukas 4,16

Versäumt nicht die Zusammenkünfte eurer Gemeinde, wie es sich einige angewöhnt haben. Ermahnt euch gegenseitig dabeizubleiben.

Hebräer 10,25

Weil ihr Gottes Barmherzigkeit erfahren habt, fordere ich euch auf, ... mit Leib und Leben für Gott dazusein. Seid ein lebendiges und heiliges Opfer, das Gott gefällt. Einen solchen Gottesdienst erwartet er von euch.

Römer 12,1

Witwen und Waisen in ihrer Not zu helfen und sich vom gottlosen Treiben dieser Welt nicht verführen zu lassen: das ist wirkliche Frömmigkeit, mit der man Gott, dem Vater, dient.

Jakobus 1,27

Güte

«Ich will an dir vorüberziehen, damit du sehen kannst, wie gütig und barmherzig ich bin. ... Ich erweise meine Güte, wem ich will.»

2. Mose 33,19

Der Herr, euer Gott, ist der wahre und treue Gott! Über Tausende von Generationen steht er zu seinem Bund und erweist allen seine Güte, die ihn lieben und sich an seine Gebote halten.

5. Mose 7,9

Herr, deine Güte ist unvorstellbar weit wie der Himmel, und deine Treue reicht so weit, wie die Wolken ziehen.

Psalm 36,6

Wir haben Gottes Liebe und Güte erfahren durch unseren Erlöser und Retter Jesus Christus. Nicht, weil wir etwas geleistet hätten, womit wir diese Liebe verdienten, nein, seine Barmherzigkeit war es, die uns durch eine neue Geburt zu neuen Menschen gemacht hat. Das war ein Werk des Heiligen Geistes

Titus 3,4f

Wer von euch meint, klug und weise zu sein, der soll das durch sein ganzes Leben zu erkennen geben, durch seine Freundlichkeit und Güte. Sie sind Kennzeichen der wahren Weisheit.

Jakobus 3,13

Haushalterschaft

Dem Herrn gehört die ganze Welt und alles, was auf ihr lebt.

Psalm 24,1

Gott, der Herr, setzte den Menschen in den Garten von Eden. Er gab ihm die Aufgabe, den Garten zu bearbeiten und zu schützen.

1. Mose 2,15

«Wie verhält sich denn ein kluger und zuverlässiger Verwalter?» fragte Jesus die Jünger. «Er hat den Auftrag bekommen, seine Mitarbeiter zu beschäftigen und sie mit allem Nötigen zu versorgen! Er darf sich glücklich nennen, wenn sein Herr ihn bei der Rückkehr gewissenhaft bei der Arbeit findet. Das sage ich euch: Einem so zuverlässigen Mann wird er die Verantwortung für seinen ganzen Besitz übertragen.»

Matthäus 24,45–47

Deshalb sollt ihr das in uns sehen, was wir wirklich sind, nämlich Diener Christi und Verwalter, die in seinem Auftrag den Menschen Gottes Geheimnisse verkündigen.

1. Korinther 4,1

Jeder soll dem anderen mit der Begabung dienen, die ihm Gott gegeben hat. Wenn ihr die vielen Gaben Gottes in dieser Weise gebraucht, verwaltet ihr sie richtig.

1. Petrus 4,10

Hilfe

Der Herr ist mein Fels, meine Festung und mein Erretter, mein Gott, meine Zuflucht, mein sicherer Ort. Er ist mein Schild, mein starker Helfer, meine Burg auf unbezwingbarer Höhe.

Psalm 18,3

Ich bin hilflos und ganz auf dich angewiesen, Herr, sorge für mich, denn du bist mein Helfer und Befreier. Mein Gott, zögere nicht länger!

Psalm 40,18

«Es wird immer Arme in eurem Land geben. Deshalb befehle ich euch: Helft den Menschen großzügig, die in Armut und Not geraten sind!»

5. Mose 15,11

«Schafft jede Art von Unterdrückung ab! Gebt den Hungrigen zu essen, nehmt Obdachlose bei euch auf, und wenn ihr einem begegnet, der in Lumpen herumläuft, gebt ihm Kleider! Helft, wo ihr könnt, und verschließt eure Augen nicht vor den Nöten eurer Mitmenschen!»

Jesaja 58,6f

Helft und ermutigt ihr euch als Christen gegenseitig? Seid ihr zu liebevollem Trost bereit? Spürt man bei euch etwas von der Gemeinschaft, die der Heilige Geist schafft? Verbindet euch herzliche und mitfühlende Liebe?

Philipper 2,1

Hingabe

Christus hat sein Leben für unsere Sünden hingegeben und hat uns davon befreit, so leben zu müssen wie diese vergängliche, vom Bösen beherrschte Welt.　　　　　　　　　　　　　　Galater 1,4

Hört, ihr Israeliten! Der Herr ist unser Gott, der Herr allein. Ihr sollt ihn von ganzem Herzen lieben, mit ganzer Hingabe, mit all eurer Kraft.

5. Mose 6,4f

Der Herr, euer Gott, wird euch und eure Kinder im Herzen verändern. Er wird euch fähig machen, ihn aufrichtig und mit ganzer Hingabe zu lieben. Dann bleibt ihr am Leben.

5. Mose 30,6

Die Gemeinden ... hatten nun Frieden. Sie wuchsen im Gehorsam und in der Hingabe an Gott. Durch das Wirken des Heiligen Geistes wurden viele Menschen für Gott gewonnen.

Apostelgeschichte 9,31

Ihr seid gerettet, und das soll sich an euerm Leben zeigen. Deshalb lebt nun auch in Ehrfurcht vor Gott und in ganzer Hingabe an ihn.

Philipper 2,12b

«Die größte Liebe beweist jemand, der sein Leben für die Freunde hingibt.»

Johannes 15,13

Hoffnung

Nur bei Gott komme ich zur Ruhe; er allein gibt mir Hoffnung.

Psalm 62,6

Warum nur bin ich so traurig? Warum ist mein Herz so schwer? Auf Gott will ich hoffen, denn ich weiß: ich werde ihm wieder danken. Er ist mein Gott, er wird mir beistehen!

Psalm 42,6

Wenn der Glaube an Christus uns nur für dieses Leben Hoffnung gibt, sind wir die bedauernswertesten unter allen Menschen.

1. Korinther 15,19

Die gesamte Schöpfung leidet und wartet unter Qualen auf ihre Neugeburt. Aber auch wir selbst ... warten voller Sehnsucht darauf, daß Gott uns als seine Kinder zu sich nimmt und auch unseren Leib von aller Vergänglichkeit befreit. Darauf können wir zunächst nur hoffen und warten. Hoffen aber bedeutet: noch nicht haben. Denn was einer schon hat und sieht, darauf braucht er nicht mehr zu hoffen. Hoffen wir aber auf etwas, das wir noch nicht sehen können, dann warten wir zuversichtlich darauf.

Römer 8,22–25

Was bleibt, sind Glaube, Hoffnung und Liebe. Die Liebe aber ist das Größte.

1. Korinther 13,13

Integrität

Viele Menschen betonen, wie freundlich und zuverlässig sie sind; aber wo findet man einen, auf den man sich wirklich verlassen kann?

Sprüche 20,6

Liebt den Herrn, euren Gott! Lebt so, wie es ihm gefällt, und haltet euch an seine Gebote! Seid ihm treu! Dient ihm aufrichtig und von ganzem Herzen!

Josua 22,5

Aufrichtigen Menschen verleiht er Glück; er hilft allen, die offen und ehrlich sind.

Sprüche 2,7

Ein zuverlässiger Mensch wird reich beschenkt; doch wer sich um jeden Preis bereichern will, bleibt nicht ungestraft.

Sprüche 28,20

Von Verwaltern verlangt man vor allem Zuverlässigkeit.

1. Korinther 4,2

«Du warst tüchtig und zuverlässig. In kleinen Dingen bist du treu gewesen, darum werde ich dir größere Aufgaben anvertrauen. Ich lade dich zu meinem Fest ein!»

Matthäus 25,21.23

Kinder

Kinder sind ein Geschenk des Herrn; wer sie bekommt, wird damit reich belohnt.

Psalm 127,3

Aus dem Mund der Kinder erklingt dein Lob. Es ist stärker als das Fluchen deiner Feinde.

Psalm 8,2

«Laßt die Kinder zu mir kommen und hindert sie nicht, denn für Menschen wie sie ist das Reich Gottes bestimmt.»

Matthäus 19,14

«Wer ein solches Kind mir zuliebe aufnimmt, der nimmt mich auf. Und wer mich aufnimmt, der nimmt damit Gott selbst auf, weil Gott mich gesandt hat.»   Markus 9,37

Ihr Kinder, gehorcht euern Eltern! So erwartet es Gott von euch. ... Ihr Eltern, behandelt eure Kinder nicht ungerecht! Sonst fordert ihr sie nur zum Widerspruch heraus. Eure Erziehung muß vielmehr in Wort und Tat von der Liebe zu Christus bestimmt sein.

Epheser 6,1.4

Juble und singe, du Kinderlose! Denn du, die du allein bist, wirst mehr Kinder haben als eine Frau, die einen Mann hat.

Jesaja 54,1

Klugheit

Verlaß dich nicht auf deine eigene Urteilskraft, sondern vertraue voll und ganz dem Herrn! Denke bei jedem Schritt an ihn; er zeigt dir den richtigen Weg und krönt dein Handeln mit Erfolg. Halte dich nicht selbst für klug; gehorche Gott und meide das Böse!

Sprüche 3,5–7

Ich bin die Weisheit, und zu mir gehört die Klugheit. Ich handle überlegt und besonnen. Wer Ehrfurcht vor Gott hat, der haßt das Böse. Ich verachte Stolz und Hochmut, ein Leben voller Bosheit und Lüge ist mir ein Greuel! Ich stehe euch mit Rat und Tat zur Seite; so werdet ihr klug und fähig zum Handeln.

Sprüche 8,12

Das Gesetz des Herrn ist vollkommen, es macht glücklich und froh. Auf seine Gebote kann man sich verlassen. Sie machen auch den klug, der bisher gedankenlos in den Tag hineinlebte.

Psalm 19,8

Was wir euch verkündigen, kommt nicht aus menschlicher Klugheit oder menschlichem Wissen, sondern wird uns vom Heiligen Geist eingegeben. Deshalb kann nur der Gottes Geheimnisse verstehen und erklären, der sich von Gottes Geist leiten läßt.

1. Korinther 2,13

Konzentration

Dann werdet ihr den Herrn, euren Gott, suchen. Und ihr werdet ihn finden, wenn ihr ehrlich und von ganzem Herzen nach ihm fragt.

5. Mose 4,29

Darum haltet euch an die Gebote des Herrn, eures Gottes, und weicht nicht davon ab! Folgt immer dem Weg, den der Herr, euer Gott, euch gewiesen hat! Dann werdet ihr am Leben bleiben. Es wird euch gutgehen, und ihr werdet für immer in eurem Land wohnen können.

5. Mose 5,32f

Herr, zeige mir deinen Weg, ich will dir treu sein und tun, was du sagst. Gib mir nur dies eine Verlangen: dich zu ehren und dir zu gehorchen!

Psalm 86,11

«Wer anfängt zu arbeiten und sich dann durch irgend etwas ablenken läßt, kann Gottes Auftrag nicht ausführen.»

Lukas 9,62

Ich konzentriere mich nur noch auf das vor mir liegende Ziel. Mit aller Kraft laufe ich darauf zu, um den Siegespreis zu gewinnen, das Leben in Gottes Herrlichkeit. Denn dazu hat uns Gott durch Jesus Christus berufen. Wir alle, die wir auf dem Weg zum Ziel sind, wollen uns so verhalten.

Philipper 3,13–15

Krankheit

Von Krankheit und Schmerzen war er gezeichnet. Man konnte seinen Anblick kaum ertragen. Wir wollten nichts von ihm wissen, ja, wir haben ihn sogar verachtet. Dabei war es unsere Krankheit, die er auf sich nahm; er erlitt die Schmerzen, die wir hätten ertragen müssen. Wir aber dachten, diese Leiden seien Gottes gerechte Strafe für ihn. ... Doch er wurde blutig geschlagen, weil wir Gott die Treue gebrochen hatten; wegen unserer Sünden wurde er durchbohrt. Er wurde für uns bestraft – und wir? Wir haben nun Frieden mit Gott! Durch seine Wunden sind wir geheilt.   Jesaja 53,3–5

Endloses Hoffen macht das Herz krank; ein erfüllter Wunsch schenkt neue Lebensfreude.
Sprüche 13,12

Man brachte viele Kranke zu ihm, die unter großen Schmerzen litten: Besessene, Belastete und körperlich Behinderte. Und er heilte sie alle.
Matthäus 4,24

Als ich das erste Mal bei euch war und euch das Evangelium verkündigte ... wurde ich krank und konnte nicht weiterreisen. Und obwohl meine Krankheit für euch nicht leicht zu ertragen war, habt ihr mich weder verachtet noch abgewiesen. Im Gegenteil, ihr habt mich wie einen Engel Gottes aufgenommen, ja wie Jesus Christus selbst.
Galater 4,13f

Krisen

O Gott, hörst du nicht meinen Hilfeschrei? Du bist es doch, der für mich eintritt, der mich verteidigt! Als ich vor Angst gelähmt nicht mehr weiterwußte, hast du mir den rettenden Ausweg gezeigt. So hilf mir auch jetzt und erhöre mein Gebet!

Psalm 4,2

Ich rufe zu Gott, ja ich schreie immer wieder, damit er mich endlich hört. Ich habe große Angst und sehe keinen Ausweg mehr. Unaufhörlich bete ich zu Gott – sogar in der Nacht strecke ich meine Hände nach ihm aus. Ich bin untröstlich.

Psalm 77,2f

Wenn du keinen Ausweg mehr siehst, dann rufe mich zu Hilfe! Ich will dich retten, und du sollst mich preisen. Psalm 50,15

In ausweglosen Lage schrie ich zum Herrn: «Hilf mir!» Er holte mich aus der Bedrängnis heraus und schenkte mir Freiheit.

Psalm 118,5

Wir waren mit unseren Kräften am Ende und hatten schon mit dem Leben abgeschlossen. Unser Tod schien unausweichlich. Aber Gott wollte, daß wir uns nicht auf uns selbst verlassen, sondern auf ihn, der die Toten zu neuem Leben erweckt. Und tatsächlich hat Gott uns vor dem Tod gerettet.

2. Korinther 1,8–10

Kritik

Soll nicht mein Ohr eure Worte prüfen, so wie mein Gaumen das Essen kostet?

Hiob 12,11

Nur ein gedankenloser Mensch glaubt jedes Wort! Der Vernünftige prüft alles, bevor er handelt.

Sprüche 14,15

Prüft euch! Stellt selbst fest, ob euer Glaube noch lebendig ist! Oder ist bei euch nichts mehr davon zu merken, daß Jesus Christus unter euch lebt? Dann allerdings hättet ihr diese Prüfung nicht bestanden.

1. Korinther 13,5

Prüft alles sorgfältig, und behaltet nur das Gute!
1. Thessalonicher 5,21

Bleibt kritisch und besonnen, wenn ihr von Visionen und angeblichen Offenbarungen Gottes hört.

2. Thessalonicher 2,2

Glaubt nicht jedem, der behauptet, daß er Gottes Geist hat. Prüft vielmehr genau, ob es wirklich von Gott stammt, was er sagt.

1. Johannes 4,1

«Du Heuchler! Kümmere dich zuerst um deine Fehler, dann versuche, deinem Bruder zu helfen.»

Matthäus 7,5

Leiden

Herr, ich schreie zu dir um Hilfe. Schon früh am Morgen klage ich dir mein Leid. Warum hast du mich aufgegeben, Herr?

Psalm 88,14f

Zwar bleiben auch dem, der treu zu Gott steht, Schmerz und Leid nicht erspart; doch aus allem befreit ihn der Herr!

Psalm 34,20

Deine innersten Gefühle kannst du mit niemandem teilen – im tiefsten Leid und in der höchsten Freude ist jeder Mensch ganz allein!

Sprüche 14,10

Ihn will ich immer besser kennenlernen und die Kraft seiner Auferstehung erfahren, damit ich auch seine Leiden mit ihm teilen und seinen Tod mit ihm sterben kann.

Philipper 3,10

Ich bin ganz sicher, daß alles, was wir jetzt erleiden, nichts ist, verglichen mit der Herrlichkeit, die wir einmal erfahren werden.

Römer 8,18

Er wird alle ihre Tränen trocknen, und der Tod wird keine Macht mehr haben. Leid, Angst und Schmerzen wird es nie wieder geben; denn was einmal war, ist für immer vorbei.

Offenbarung 21,4

Leistung

Kennst du jemanden, der geschickt ist bei seiner Arbeit? Er wird erfolgreich sein, und du wirst ihn nur bei einflußreichen Leuten finden.

Sprüche 22,29

Wenn dieses Gute nun kommt, sagt nicht: «Das haben wir aus eigener Kraft geschafft, es ist unsere Leistung!» Denkt vielmehr an den Herrn, euren Gott, der euch die Kraft gibt!

5. Mose 8,17f

Zwar weiß ich [Paulus], daß ich ein «Nichts» bin, aber mit euern großartigen Aposteln kann ich mich sehr wohl messen. Durch meine unermüdliche Arbeit bei euch und durch Zeichen, Wunder und andere Taten habe ich bewiesen, daß ich ein Botschafter Gottes bin.

2. Korinther 12,11f

Wenn ich eine Arbeit leiste, habe ich Anspruch auf Lohn. Ohne Leistung werde ich nichts bekommen. Aber bei Gott ist das anders. Bei ihm werde ich nichts erreichen, wenn ich mich auf meine «guten» Taten berufe. Nur wenn ich Gott vertraue, der mich trotz meiner Schuld freispricht, kann ich vor ihm bestehen, Römer 4,4f

Setzt euch für den Herrn ganz ein; denn ihr wißt, nichts ist vergeblich, was ihr für ihn tut.

1. Korinther 15,58

Leitungsaufgaben

Zu jener Zeit war die Prophetin Debora Israels Richterin. Sie ... wohnte bei der nach ihr benannten Debora-Palme zwischen Rama und Bethel im Gebirge Ephraim. Dorthin kamen die Israeliten, um sich von ihr Recht sprechen zu lassen.

Richter 4,4f

Da gingen der Priester Hilkija, Ahikam, Achbor, Schafan und Asaja zu der Prophetin Hulda, um mit ihr zu sprechen. ... Hulda gab der Gesandtschaft eine Botschaft des Herrn für König Josia.

2. Könige 22,14f

Sie ist eine würdevolle und angesehene Frau, zuversichtlich blickt sie in die Zukunft. Sie redet nicht gedankenlos, und ihre Anweisungen gibt sie freundlich.

Sprüche 31,25f

Führe deinen Auftrag so aus, daß niemand etwas daran auszusetzen hat, bis unser Herr Jesus Christus wiederkommt.

1. Timotheus 6,14

Bleibt wachsam, und steht fest im Glauben! Seid nicht zaghaft, sondern entschlossen und stark! Bei all euerm Tun aber laßt euch von der Liebe leiten.

1. Korinther 16,13f

Liebe

Von ganzem Herzen will ich dir danken, Herr, mein Gott; dich will ich preisen. Denn deine Liebe zu mir ist grenzenlos!

Psalm 86,12f

Gott ist Liebe, und wer in dieser Liebe bleibt, der bleibt in Gott und Gott in ihm.

1. Johannes 4,16

Wer aber den anderen nicht liebt, der weiß nichts von Gott; denn Gott ist Liebe. Gottes Liebe zu uns ist für alle sichtbar geworden, als er seinen einzigen Sohn in die Welt sandte, damit wir durch Christus ein neues und ewiges Leben bekommen. Das Einzigartige an dieser Liebe ist: Nicht wir haben Gott geliebt, sondern er hat uns seine Liebe geschenkt.

1. Johannes 4,8–10

Das Wichtigste ist die Liebe. Wenn ihr sie habt, wird euch nichts fehlen.

Kolosser 3,14

Ohne Liebe bin ich nichts.

1. Korinther 13,1

Was bleibt, sind Glaube, Hoffnung und Liebe. Die Liebe aber ist das Größte. Laßt die Liebe euer höchstes Ziel sein!

1. Korinther 13,13 – 14,1

Loyalität

Viele sogenannte Freunde schaden dir nur, aber ein wirklicher Freund steht mehr zu dir als ein Bruder.
Sprüche 18,24

[Ruth sagte:] «Ich will mich nicht von dir trennen. Wo du hingehst, da will auch ich hingehen. Wo du bleibst, da bleibe ich auch. Dein Volk ist mein Volk, und dein Gott ist mein Gott. Wo du stirbst, will ich auch sterben und begraben werden. Nur der Tod kann mich von dir trennen; wenn ich dieses Versprechen nicht halte, soll Gott mich hart bestrafen!»
Ruth 1,16f

Hiob hatte drei Freunde ... Als sie von dem Unglück hörten, das über ihn hereingebrochen war, vereinbarten sie, Hiob zu besuchen. Sie wollten ihm ihr Mitgefühl zeigen und ihn trösten. ... Dann setzten sie sich zu Hiob auf den Boden. Sieben Tage und sieben Nächte saßen sie da, ohne ein Wort zu sagen, denn sie spürten, wie tief Hiobs Schmerz war.
Hiob 2,11–13

Ich bitte den Herrn darum, daß er der Familie des Onesiphorus barmherzig ist. Denn Onesiphorus hat mir immer wieder geholfen. Er war einer der wenigen, die treu zu mir hielten, obwohl ich im Gefängnis war. Als er nach Rom kam, ließ er nichts unversucht, bis er mich fand. Gott möge ihm am Tage des Gerichts sein Erbarmen schenken.
2. Timotheus 1,16–18

Lügen

[Die Weisheit ruft:] Hört auf mich, denn es ist wichtig für euch. Was ich sage, ist aufrichtig und ehrlich. Meine Worte sind wahr, denn ich hasse die Lüge. Ich sage immer die Wahrheit, Hinterlist oder Betrug sind mir fremd. Meine Worte sind klar und deutlich für jeden, der sie verstehen will.

Sprüche 8,6–9

Zu einem Dummkopf passen keine vernünftigen Worte, wieviel weniger paßt Lüge zu einem zuverlässigen Menschen!

Sprüche 17,7

«Der [Teufel] war schon von Anfang an ein Mörder und ein Feind der Wahrheit. Die Lüge gehört zu seinem Wesen; denn er ist der Lügner schlechthin, ja der Vater jeder Lüge.»

Johannes 8,44

Wer sich am Leben freuen und gute Tage erleben will, der achte auf das, was er sagt. Keine Lüge, kein gemeines Wort soll über seine Lippen kommen.

1. Petrus 3,10

Sollte nun jemand behaupten: «Ich liebe Gott», und dabei seinen Bruder hassen, dann ist er ein Lügner. Denn wie kann man Gott lieben, den wir doch gar nicht sehen, aber den Bruder hassen, der leibhaftig vor uns steht?

1. Johannes 4,20

Mißbrauch

So spricht der Herr: «Sorgt für Recht und Gerechtigkeit! Helft den Menschen, die beraubt und unterdrückt werden! Den Ausländern, Waisen und Witwen tut keine Gewalt an, und übervorteilt sie nicht!»

Jeremia 22,3

«Niemand von euch darf mit einer Blutsverwandten schlafen. Dies sage ich, der Herr.»

3. Mose 18,6

Wer den guten Ruf eines anderen zerstört, der soll in diesem Land kein Glück haben. Und wer vor brutaler Gewalt nicht zurückschreckt, der soll vom Unglück verfolgt werden. Ich weiß, daß der Herr den Unterdrückten beisteht und den Wehrlosen Recht verschafft.

Psalm 140,12f

[Das Gesetz] gilt für Gotteslästerer und Gottesleugner, für Niederträchtige und Gewissenlose, für Mörder und Totschläger, für Menschen, die unmoralisch leben, Kinder sexuell mißbrauchen, andere rücksichtslos ausbeuten; für Lügner und solche, die Meineide schwören, oder für Menschen, die in irgendeiner anderen Weise gegen Gottes Gebote verstoßen.

1. Timotheus 1,9f

Motivation

Der Mensch hält sein Handeln für richtig, aber Gott prüft die Motive.

Sprüche 16,2

Solange ihr nicht Gott bittet, werdet ihr nichts empfangen. Wenn ihr freilich Gott nur darum bittet, eure selbstsüchtigen Wünsche zu erfüllen, wird er euch nichts geben.

Jakobus 4,2f

Jetzt sollen wir mit unserem Leben Gott verherrlichen, die wir schon lange auf unseren Retter gewartet haben.

Epheser 1,12

Ihn, den Gott unseres Herrn Jesus Christus, den Vater, dem alle Herrlichkeit gehört, bitte ich darum, euch Weisheit zu geben, daß ihr ihn immer besser erkennt und er euch zeigt, was sein Wille ist. Er öffne euch die Augen, damit ihr seht, wozu ihr berufen seid, worauf ihr hoffen könnt und welch unvorstellbar reiches Erbe auf alle wartet, die an Christus glauben.

Epheser 1,17f

Selbst wenn ich all meinen Besitz an die Armen verschenken und für meinen Glauben das Leben opfern würde, hätte aber keine Liebe, dann wäre alles umsonst.

1. Korinther 13,3

Mut

«Sei mutig und entschlossen! Laß dich nicht einschüchtern, und hab keine Angst! Denn ich, der Herr, dein Gott, bin bei dir, wohin du auch gehst.»

Josua 1,9

Tiefe Mutlosigkeit und Angst überfielen Jesus, und er sagte zu ihnen: «Ich zerbreche beinahe unter der Last, die ich zu tragen habe. Bleibt bei mir und laßt mich nicht allein.»

Matthäus 26,38

Wir mußten alle möglichen Anfeindungen ertragen und waren doch selber voller Angst und Sorgen. Aber Gott hilft den Mutlosen und Verzagten.

2. Korinther 7,5f

«Ich, der Hohe und Erhabene, der ewige und heilige Gott, wohne in der Höhe, im Heiligtum. Doch ich wohne auch bei denen, die traurig und bedrückt sind. Ich gebe ihnen neuen Mut und erfülle sie wieder mit Hoffnung.»

Jesaja 57,15

Mich aber hat der Herr mit seinem Geist erfüllt. Er gibt mir die Kraft, mutig für das Recht einzutreten.

Micha 3,8

Laßt den Mut nicht sinken, denn die Freude am Herrn gibt euch Kraft!

Nehemia 8,10

Mutterschaft

Schon als ich im Verborgenen Gestalt annahm, unsichtbar noch, kunstvoll gebildet im Leib meiner Mutter, da war ich dir dennoch nicht verborgen.

Psalm 139,15

«Ich habe dich schon gekannt, ehe ich dich im Mutterleib bildete, und ehe du geboren wurdest, habe ich dich erwählt.»

Jeremia 1,15

Der Herr bewahrt alle, die ihn lieben, denn in seinen Augen ist ihr Leben wertvoll. Gott, du bist mein Herr, und ich diene dir, wie meine Mutter es schon tat.

Psalm 116,15f

«Kann eine Mutter ihren Säugling vergessen? Bringt sie es übers Herz, das Neugeborene seinem Schicksal zu überlassen? Und selbst wenn sie es vergessen würde – ich vergesse dich niemals!»

Jesaja 49,15

«Ich will euch trösten wie eine Mutter ihr Kind.»

Jesaja 66,13

[Die Frau] wird gerettet werden, wenn sie ihre Aufgabe als Frau und Mutter erfüllt, ihr Vertrauen auf Gott setzt, in seiner Liebe bleibt und bereit ist, seinen Willen zu tun.

1. Timotheus 2,15

Reichtum

Ihr müßt auf ihn hören und die Gebote genau beachten ... Dann wird der Herr, euer Gott, euch segnen, wie er es versprochen hat. Ihr werdet so reich sein, daß ihr Menschen aus vielen Völkern etwas leihen könnt und selbst nichts borgen müßt.

5. Mose 15,5f

Wenn ihr dem Herrn nicht fröhlich dienen wollt, weil er euch so reich beschenkt hat, werdet ihr euren Feinden dienen müssen, die er euch schicken wird.

5. Mose 28,47f

«Häuft in dieser Welt keine Reichtümer an! Sie verlieren schnell ihren Wert oder werden gestohlen. Sammelt euch vielmehr Schätze im Himmel, die nie ihren Wert verlieren und die kein Dieb mitnehmen kann.»

Matthäus 6,19f

Da sagte Jesus zu seinen Jüngern: «Eins ist sicher: Ein Reicher hat es sehr schwer, zu Gott zu kommen.»

Matthäus 19,23

Denkt daran, was unser Herr Jesus Christus für euch getan hat. Er war reich und wurde doch arm, um euch durch seine Armut reich zu machen.

2. Korinther 8,9

Ruf

Gold und Silber werden im Ofen und im Tiegel geprüft, der Prüfstein eines Menschen ist sein Ruf.
Sprüche 27,21

Sie wollten mir Angst einjagen und mich zu einer Tat verleiten, durch die ich mich schuldig machte. So hätten sie meinen guten Ruf zerstören und mich zur Zielscheibe des Spottes machen können.
Nehemia 6,13

Wer aber glaubwürdig und zuverlässig ist, nach dem halte ich Ausschau. Solche Leute hole ich mir an den Hof, Menschen mit einem guten Ruf nehme ich in meinen Dienst.
Psalm 101,6

Gut geht es dem, der freundlich zu den Armen ist und ihnen gerne Geld leiht, der sich an das Recht hält bei allem, was er unternimmt! ... Großzügig schenkt er den Bedürftigen, was sie brauchen; auf seine barmherzige Liebe kann man immer zählen. Darum ist er überall hoch angesehen.
Psalm 112,5.9

Wer den guten Ruf eines anderen zerstört, der soll in diesem Land kein Glück haben.
Psalm 140,12

Von den älteren Frauen verlange, daß sie ein Leben führen, wie es Gott Ehre macht.
Titus 2,3

Ruhe

Mein Gott! Den ganzen Tag rufe ich, aber du gibst mir keine Antwort. Ich rufe in schlaflosen Nachtstunden, aber ich finde keine Ruhe.

Psalm 22,3

Nur bei Gott komme ich zur Ruhe; geduldig warte ich auf seine Hilfe. Nur er ist ein schützender Fels und eine sichere Burg. Er steht mir bei, und niemand kann mir schaden.

Psalm 62,2f

Ich bin zur Ruhe gekommen. Mein Herz ist zufrieden und still. Wie ein Kind in den Armen seiner Mutter, so ruhig und geborgen bin ich bei dir!

Psalm 131,2

«Fragt nach dem richtigen Weg, und dann beschreitet ihn. So findet ihr Ruhe für euer Leben.»

Jeremia 6,16

«Kommt alle her zu mir, die ihr euch abmüht und unter eurer Last leidet! Ich werde euch Frieden geben. Nehmt meine Herrschaft an und lebt darin! Lernt von mir! Ich komme nicht mit Gewalt und Überheblichkeit. Bei mir findet ihr, was euerm Leben Sinn und Ruhe gibt.»

Matthäus 11,28f

Schmerz

Ich wollte ... nichts sagen, was man mir als Schuld anrechnen könnte. Also verstummte ich und sagte kein Wort mehr. Aber ... mein Schmerz wurde nur noch schlimmer. Ich fraß den Kummer in mich hinein. Je mehr ich darüber nachgrübelte, desto tiefer geriet ich in Verzweiflung. Ich konnte es nicht mehr länger aushalten – da schrie ich zu Gott.

Psalm 39,2–4

Ach könnte mein Schmerz doch gewogen werden! Legte man doch mein Elend auf die Waage! Es wiegt schwerer als der Sand am Meer, und deshalb sind meine Worte so unbeherrscht.

Hiob 6,2f

Erhöre im Himmel, wo du thronst, die Bitten aller, die in ihrer Not und ihrem Schmerz dich suchen.

2. Chronik 6,30

Dann setzten sie [die Freunde] sich zu Hiob auf den Boden. Sieben Tage und sieben Nächte saßen sie da, ohne ein Wort zu sagen, denn sie spürten, wie tief Hiobs Schmerz war.

Hiob 2,13

Von Krankheit und Schmerzen war er gezeichnet. Man konnte seinen Anblick kaum ertragen. ... Dabei war es unsere Krankheit, die er auf sich nahm; er erlitt die Schmerzen, die wir hätten ertragen müssen.

Jesaja 53,3f

Schönheit

Deine Schönheit ist vollkommen, meine Freundin, kein Makel ist an dir.

Hoheslied 4,7

Anmut kann täuschen, und Schönheit vergeht wie der Wind – doch wenn eine Frau Gott gehorcht, verdient sie Lob!

Sprüche 31,30

Euch sollen vielmehr Eigenschaften von unvergänglichem Wert schmücken, wie Freundlichkeit und Güte; denn wahre Schönheit kommt von innen.

1. Petrus 3,4

Wenn du uns rettest, ... werden unsere Söhne stark und groß sein wie Bäume. Unsere Töchter werden schön sein wie gemeißelte Statuen, die prächtige Paläste zieren.

Psalm 144,12

Orientiert euch an dem, was wahrhaftig, gut und gerecht, was anständig, liebenswert und schön ist. Wo immer ihr etwas Gutes entdeckt, das Lob verdient, darüber denkt nach.

Philipper 4,8

Schulden

Wer sich für die Schulden eines anderen verbürgt hat, wird es eines Tages bereuen. Wer sich darauf gar nicht erst einläßt, hat seine Ruhe.

Sprüche 11,15

«Hast du deine Schulden nicht bezahlt, und man bringt dich deswegen vor Gericht, dann setze alles daran, dich noch auf dem Weg dorthin mit deinem Gegner zu einigen.»

Lukas 12,58

Bleibt keinem etwas schuldig, abgesehen davon, daß ihr euch untereinander lieben sollt. Denn nur wer seine Mitmenschen liebt, der hat Gottes Gesetz erfüllt.

Römer 13,8

«Verlange keine Zinsen und keinen Aufpreis! Hab Ehrfurcht vor mir, deinem Gott, und hilf dem Verarmten in deiner Nachbarschaft! Leih ihm zinslos Geld und Nahrungsmittel!»

3. Mose 25,36

Am Ende jedes siebten Jahres sollt ihr einander eure Schulden erlassen. Wenn ihr jemandem aus eurem Volk etwas geliehen habt, dann fordert es nicht mehr zurück, und zwingt eure Schuldner nicht zur Rückzahlung! Denn zur Ehre des Herrn wurde das Jahr des Schuldenerlasses bestimmt.

5. Mose 15,1f

Schutz

Er, der ewige Gott, breitet seine Arme aus, um euch zu tragen und zu schützen.

5. Mose 33,27

«Ich schenke dir Liebe und Barmherzigkeit, ich schütze dich und helfe dir; immer werde ich treu sein und dich nie verlassen. Daran wirst du erkennen, daß ich der Herr bin!»

Hosea 2,21f

Gott rettet mich, er steht für meine Ehre ein. Er schützt mich wie ein starker Fels, bei ihm bin ich geborgen.

Psalm 62,8

Er wird dich behüten wie eine Henne, die ihre Küken unter die Flügel nimmt. Seine Treue schützt dich wie ein starker Schild.

Psalm 91,4

Verteidigt euch mit dem Schild des Glaubens, an dem die Brandpfeile des Teufels wirkungslos abprallen. Die Gewißheit, daß euch Jesus Christus gerettet hat, ist euer Helm, der euch schützt. Und nehmt das Wort Gottes. Es ist das Schwert, das euch der Heilige Geist gibt. Hört nie auf, zu bitten und zu beten! Gottes Heiliger Geist wird euch dabei leiten.

Epheser 6,16–18

Schwäche

Denn er rettet … den Schwachen, dem jeder andere seine Unterstützung versagt. Am Schicksal der Hilflosen nimmt er Anteil und bewahrt sie vor dem sicheren Tod.   Psalm 72,12 f

«Schmiedet aus euren Pflugscharen Schwerter und aus euren Winzermessern Speerspitzen! Selbst die Schwachen unter euch sollen mutig und unerschrocken sein!»

Joel 4,10

Gott hat sich die Schwachen ausgesucht, die aus menschlicher Sicht Einfältigen, um so die Klugen zu beschämen. Gott nahm sich der Schwachen dieser Welt an, um die Starken zu demütigen.

1. Korinther 1,27

Als er gekreuzigt wurde, war er schwach; aber jetzt ist er auferstanden und lebt aus der Kraft Gottes. Auch wir sind schwach, wie es Christus am Kreuz war; doch euch gegenüber wird sich zeigen, daß wir mit Christus aus der Kraft Gottes leben.

2. Korinther 13,4

«Verlaß dich ganz auf meine Gnade. Denn gerade wenn du schwach bist, kann sich meine Kraft an dir besonders zeigen.» Darum will ich vor allem auf meine Leiden und meine Schwäche stolz sein. Dann nämlich wirkt die Kraft Christi an mir.

2. Korinther 12,9

Sehnsucht

Ja, ihn werde ich anschauen; mit eigenen Augen werde ich ihn sehen, aber nicht als Fremden. Danach sehne ich mich von ganzem Herzen!

Hiob 19,27

Wie ein Hirsch nach frischem Wasser lechzt, so sehne ich mich nach dir, o Gott! Ja, ich dürste nach Gott, nach dem lebendigen Gott.

Psalm 42,2f

Wir hoffen auf dich, auch wenn du uns strafst. Wir sehnen uns nach dir – wie könnten wir dich je vergessen? Bei Nacht sind meine Gedanken bei dir, voller Sehnsucht suche ich dich.

Jesaja 26,8f

Ich setze meine ganze Hoffnung auf den Herrn; voller Sehnsucht warte ich darauf, daß er zu mir spricht. Ja, ich warte auf den Herrn, mehr als die Wächter auf den Morgen!

Psalm 130,5f

«Glücklich sind, die sich nach Gottes Gerechtigkeit sehnen, denn Gott wird ihre Sehnsucht stillen.»

Matthäus 5,6

Wir selbst, denen Gott bereits jetzt seinen Geist gegeben hat, warten voller Sehnsucht darauf, daß Gott uns als seine Kinder zu sich nimmt und auch unseren Leib von aller Vergänglichkeit befreit.

Römer 8,23

Selbstachtung

So schuf Gott den Menschen als sein Ebenbild, als Mann und Frau schuf er sie. 1. Mose 1,27

«Liebe deinen Mitmenschen wie dich selbst! Ich bin der Herr.»
3. Mose 19,18; Matthäus 19,19

Schon vor Beginn der Welt, von allem Anfang an, hat Gott uns auserwählt. Wir sollten zu ihm gehören, befreit von aller Sünde und Schuld. Ja, seine eigenen Kinder sollten wir werden, durch seinen Sohn Jesus Christus. Das hat Gott schon damals aus Liebe zu uns beschlossen.
Epheser 1,4f

Du, Herr, nimmst mich in Schutz. Du stellst meine Ehre wieder her und verhilfst mir zu meinem Recht.
Psalm 3,4

Ihr sollt den «neuen Menschen» anziehen, wie man ein Kleid anzieht. Diesen neuen Menschen hat Gott selbst nach seinem Bild geschaffen; er ist gerecht und heilig, weil er sich an das Wort der Wahrheit hält. Epheser 4,24

Weil ihr von Gott auserwählt und seine geliebten Kinder seid, die zu ihm gehören, sollt ihr euch untereinander auch herzlich lieben in Barmherzigkeit, Güte, Demut, Nachsicht und Geduld.
Kolosser 3,12

Selbstbeherrschung

Alle Erkenntnis beginnt damit, daß man Ehrfurcht vor dem Herrn hat. Nur ein Dummkopf lehnt Lebensweisheit und Selbstbeherrschung ab.

Sprüche 1,7

Bemühe dich um das wirklich Wichtige: Weisheit, Selbstbeherrschung und Einsicht. Sie sind schwer zu erwerben, gib sie daher nie wieder auf!

Sprüche 23,23

Der Heilige Geist bringt in unserem Leben nur Gutes hervor: Liebe und Freude, Frieden und Geduld, Freundlichkeit, Güte und Treue, Besonnenheit und Selbstbeherrschung. Ist das bei euch so? Dann braucht ihr kein Gesetz zu fürchten.

Galater 5,22f

Gott hat uns seinen Heiligen Geist gegeben. Und das ist kein Geist der Furcht, sondern ein Geist, der uns mit Kraft, Liebe und Selbstüberwindung erfüllt.

2. Timotheus 1,7

Beweist durch einen vorbildlichen Lebenswandel, daß ihr an Gott glaubt. Jeder soll sehen, daß ihr Gott kennt. Diese Erkenntnis Gottes zeigt sich in eurer Selbstbeherrschung. Selbstbeherrschung lernt man nur in Geduld und Ausdauer, und dadurch wieder kommt man zur wahren Liebe und Ehrfurcht vor Gott.

2. Petrus 1,5f

Selbstvertrauen

Weil Gott uns in seiner Barmherzigkeit die unvergleichliche Aufgabe übertragen hat, seine Botschaft überall zu verkündigen, verlieren wir nicht den Mut.

2. Korinther 4,1

Hanna sang ein Loblied: «Der Herr erfüllt mein Herz mit großer Freude, er richtet mich auf und gibt mir neue Kraft! Laut lache ich über meine Feinde und freue mich über deine Hilfe!»

1. Samuel 2,1

Ob ich nun wenig oder viel habe, beides ist mir durchaus vertraut, und so kann ich mit beidem fertigwerden: Ich kann satt sein und hungern; ich kann Mangel leiden und Überfluß haben. Das alles kann ich durch Christus, der mir Kraft und Stärke gibt.

Philipper 4,12f

Seid einmütig untereinander und streitet nicht. Versucht nicht immer wieder, hoch hinauszuwollen, sondern seid euch auch für geringe Dinge nicht zu schade. Hütet euch vor Selbstüberschätzung und Besserwisserei.

Römer 12,16

Sexualität

So schuf Gott den Menschen als sein Ebenbild, als Mann und Frau schuf er sie. Er segnete sie und sprach: «Vermehrt euch, bevölkert die Erde, und nehmt sie in Besitz!»

1. Mose 1,27

[Der Mann rief:] «Endlich gibt es jemanden wie mich! Sie wurde aus einem Teil von mir gemacht – wir gehören zusammen!» Darum verläßt ein Mann seine Eltern und verbindet sich so eng mit seiner Frau, daß die beiden eins sind mit Leib und Seele. Der Mann und die Frau waren nackt, sie schämten sich aber nicht.

1. Mose 2,23–25

Der Mann soll seine Frau nicht vernachlässigen, und die Frau soll sich ihrem Mann nicht entziehen, denn weder die Frau noch der Mann dürfen eigenmächtig über ihren Körper verfügen; sie gehören einander.

1. Korinther 7,3f

Deshalb warne ich euch eindringlich vor jeder Unzucht! Denn mit keiner anderen Sünde vergeht man sich so sehr am eigenen Leib wie mit einem unsittlichen Leben. Oder habt ihr etwa vergessen, daß euer Leib ein Tempel des Heiligen Geistes ist, den euch Gott gegeben hat? Ihr gehört also nicht mehr euch selbst.

1. Korinther 6,18f

Sorgen

Beachte mein Gebet, o Gott, und wende dich nicht ab von meinem Flehen! Höre doch und gib mir Antwort! Meine Sorgen lassen mir keine Ruhe mehr.

Psalm 55,2f

«Wenn ihr euch Sorgen um die Zukunft macht, dann kommt damit zu mir! Ich weiß doch, wie ich mit meinen Kindern und mit all meinen Geschöpfen umgehen muß. Vertraut euch mir an!»

Jesaja 45,11

«Von Anfang an habe ich euch getragen, seit eurer Geburt sorge ich für euch. Ich bleibe derselbe; ich werde euch tragen bis ins hohe Alter, bis ihr grau werdet. Ich, der Herr, habe es bisher getan, und ich werde euch auch in Zukunft tragen und retten.»

Jesaja 46,3f

«Und wenn ihr euch noch so viel sorgt, könnt ihr damit euer Leben auch nur um einen einzigen Augenblick verlängern?»

Lukas 12,25

Macht euch keine Sorgen! Ihr dürft Gott um alles bitten. Sagt ihm, was euch fehlt, und dankt ihm!

Philipper 4,6

Überlaßt alle eure Sorgen Gott, denn er sorgt für euch.

1. Petrus 5,7

Sorgfalt

Herr, mein Gott, du bist einzigartig! Du hast so viele Wunder getan, alles hast du sorgfältig geplant! Wollte ich das schildern und beschreiben – niemals käme ich zum Ende!　　　　Psalm 40,6

Überleg sorgfältig, was du tun willst, und dann laß dich davon nicht mehr abbringen!

Sprüche 4,26

Etwas Schlimmes habe ich auf dieser Welt beobachtet: wenn einer seinen Besitz sorgsam hütet und ihn dann doch verliert.

Prediger 5,12

Gott hat mir in seiner Gnade den Auftrag und die Fähigkeit gegeben, wie ein tüchtiger Bauleiter das Fundament zu legen. Doch andere bauen nun darauf weiter. Und jeder muß darauf achten, daß er wirklich sorgfältig arbeitet.

1. Korinther 3,10

Achtet also genau darauf, wie ihr lebt: nicht wie Menschen, die von Gott nichts wissen wollen, sondern als Menschen, die ihn kennen und lieben.

Epheser 5,15

Prüft alles sorgfältig, und behaltet nur das Gute! Das Böse aber – ganz gleich in welcher Form – meidet wie die Pest.

1. Thessalonicher 5,21 f

Streß

Wer zu geschäftig ist, träumt bald unruhig, und wer zu viel redet, sagt leicht etwas Dummes.

Prediger 5,2

Wenn ich mich abends schlafen lege, denke ich: «Wann kann ich endlich wieder aufstehen?» Die Nacht zieht sich in die Länge, ich wälze mich schlaflos hin und her bis zum Morgen.

Hiob 7,4

«Hört also auf, ängstlich danach zu fragen: Was werden wir essen? Was werden wir trinken? Macht euch darüber keine Sorgen!»

Lukas 12,29

«Ihr seid in Gefahr! Paßt auf, daß euch nicht die Gier nach Luxus und Wohlstand, auch nicht die Sorgen des Alltags vom Ziel ablenken! Seid jederzeit auf diesen Tag vorbereitet, sonst wird er euch überfallen.»

Lukas 21,34

Dann hörte ich eine Stimme vom Himmel, die mich aufforderte: «Schreibe: Von jetzt an kann sich jeder freuen, der im Vertrauen auf den Herrn stirbt!» «Ja», antwortete der Geist, «sie dürfen von ihrer Arbeit und ihrem Leiden ausruhen. Der Lohn für all ihre Mühe ist ihnen gewiß!»

Offenbarung 14,13

Sünde

Tag und Nacht bedrückte mich dein Zorn, meine Lebenskraft vertrocknete wie Wasser in der Sommerhitze. Da endlich gestand ich dir meine Sünde; mein Unrecht wollte ich nicht länger verschweigen. Ich sagte: «Ich will dem Herrn meine Vergehen bekennen!» Und wirklich: Du hast mir meine ganze Schuld vergeben!

Psalm 32,4f

Reinige mich von meiner Schuld, dann bin ich wirklich rein; wasche meine Sünde ab, und mein Gewissen ist wieder weiß wie Schnee!

Psalm 51,9

Christus hat unsere Sünden auf sich genommen und sie selbst zum Kreuz hinaufgetragen. Das bedeutet, daß wir frei sind von der Sünde und jetzt leben können, wie es Gott gefällt. Durch seine Wunden hat Christus uns geheilt.

1. Petrus 2,24

Wenn wir ... unsere Sünden bereuen und sie bekennen, dann dürfen wir darauf vertrauen, daß Gott seine Zusage treu und gerecht erfüllt: Er wird unsere Sünden vergeben und uns von allem Bösen reinigen. Doch wenn wir behaupten, wir hätten gar nicht gesündigt, dann machen wir Gott zum Lügner und beweisen damit nur, daß wir Christus noch gar nicht kennen.

1. Johannes 1,9f

Teamarbeit

Es ist nicht gut, daß der Mensch allein lebt.

1. Mose 2,18

Warum tust du alles allein? ... So wie du es machst, ist es nicht gut! Die Aufgabe ist für dich allein viel zu groß. Du reibst dich nur auf, und auch die Leute sind überfordert.

2. Mose 18,14–18

«Ich werde etwas von meinem Geist, der auf dir ruht, nehmen und auf sie legen. Sie sollen von nun an die Last mit dir teilen. Du mußt die Verantwortung für das Volk nicht mehr allein tragen.»

4. Mose 11,17

Unser Körper besteht aus vielen Teilen, die ganz unterschiedliche Funktionen haben. Ebenso ist es mit uns Christen. Gemeinsam bilden wir alle den Leib Christi – die Gemeinde –, und jeder einzelne ist auf die anderen angewiesen.

Römer 12,4f

Von Gottes Mitarbeitern ist einer so notwendig wie der andere, ob er nun das Werk beginnt oder weiterführt. Macht euch darüber keine Gedanken: Jeder wird von Gott den gerechten Lohn für seine Arbeit bekommen.

1. Korinther 3,8

Tod

«Von allen Bäumen im Garten darfst du essen, nur nicht von dem Baum, der dich Gut und Böse erkennen läßt. Sobald du davon ißt, mußt du sterben!»

1. Mose 2,16f

Bedenke doch, wie kurz mein Leben ist! Nur für einen flüchtigen Augenblick hast du uns Menschen geschaffen. Welcher Mensch ist unsterblich? Wer kann dem Tod entrinnen?

Psalm 89,48f

Mach uns bewußt, wie kurz unser Leben ist, damit wir endlich zur Besinnung kommen!

Psalm 90,12

Denn die Sünde wird mit dem Tod bezahlt. Gott aber schenkt uns in der Gemeinschaft mit Jesus Christus, unserem Herrn, das ewige Leben, das schon jetzt beginnt und niemals aufhören wird.

Römer 6,23

Als letzten Feind wird Christus den Tod vernichten.

1. Korinther 15,26

Das Leben hat den Tod überwunden! Tod, wo ist dein Sieg? Tod, wo bleibt nun dein Schrecken?

1. Korinther 15,54f

Er wird alle ihre Tränen trocknen, und der Tod wird keine Macht mehr haben.

Offenbarung 21,4

Trauer

Schmerz und Trauer haben mich fast blind gemacht; ich bin nur noch ein Schatten meiner selbst.

Hiob 17,7

Hinter schallendem Gelächter verbirgt sich oft großer Kummer. Wenn die Freude verrauscht ist, bleibt die Trauer zurück.

Sprüche 14,13

«Glücklich sind die Traurigen, denn Gott wird sie trösten.»

Matthäus 5,4

Alle sahen, daß Jesus weinte. «Seht», sagten die Juden, «er muß ihn sehr lieb gehabt haben!»

Johannes 11,35f

Wenn andere fröhlich sind, dann freut euch mit ihnen. Weint aber auch mit den Trauernden!

Römer 12,15

Eine gewaltige Stimme hörte ich vom Thron her rufen: «Hier wird Gott mitten unter den Menschen sein! Er wird bei ihnen wohnen, und sie werden sein Volk sein.... Er wird alle ihre Tränen trocknen, und der Tod wird keine Macht mehr haben. Leid, Angst und Schmerzen wird es nie wieder geben; denn was einmal war, ist für immer vorbei.»

Offenbarung 21,3f

Treue

«Ich schenke dir Liebe und Barmherzigkeit, ich schütze dich und helfe dir; immer werde ich treu sein und dich nie verlassen. Daran wirst du erkennen, daß ich der Herr bin!»

Hosea 2,21f

Gebt unserem großen Gott die Ehre! Vollkommen und gerecht ist alles, was er tut. Er ist ein Fels – auf ihn ist stets Verlaß. Er hält, was er verspricht; er ist gerecht und treu.

5. Mose 32,3f

Auch ich will dir treu sein – hilf mir, nach deinen Maßstäben zu leben!

Psalm 5,9

Dagegen bringt der Heilige Geist in unserem Leben nur Gutes hervor: Liebe und Freude, Frieden und Geduld, Freundlichkeit, Güte und Treue, Besonnenheit und Selbstbeherrschung.

Galater 5,22

Sind wir untreu, bleibt er treu. Ihm können wir vertrauen.

2. Timotheus 2,13

«Ich sehe alles, was du tust. Ich weiß, mit welcher Liebe du mir dienst und mit welcher Treue du am Glauben festhältst.»

Offenbarung 2,19

Trost

Antworte mir, Herr, denn deine Güte tröstet mich! Wende dich mir zu in deinem großen Erbarmen. Verbirg dich nicht länger vor mir, ich gehöre ja zu dir! Ich weiß keinen Ausweg mehr, darum antworte mir schnell.
Psalm 69,17f

Laß mich deine Gnade erfahren, und tröste mich, wie du es mir versprochen hast!
Psalm 119,76

«Ich will euch trösten wie eine Mutter ihr Kind.»
Jesaja 66,13a

Ach, hört mir doch einmal zu! Damit würdet ihr mich trösten!
Hiob 21,2

Helft und ermutigt ihr euch als Christen gegenseitig? Seid ihr zu liebevollem Trost bereit? Spürt man bei euch etwas von der Gemeinschaft, die der Heilige Geist schafft? Verbindet euch herzliche und mitfühlende Liebe?
Philipper 2,1

Christus ist für uns gestorben, damit wir – ganz gleich, ob wir nun leben oder schon gestorben sind – mit ihm ewig leben. Vergeßt das nicht, und erinnert euch gegenseitig daran. So werdet ihr einander ermutigen und trösten.
1. Thessalonicher 5,10f

Überwinden

«In der Welt werdet ihr von allen Seiten bedrängt, aber vertraut darauf: Ich habe die Welt besiegt.»

Johannes 16,33

Laß dich nicht vom Bösen besiegen, sondern besiege das Böse durch das Gute.

Römer 12,21

Denn das Leben, das Gott uns gegeben hat, ist mächtiger als alle Verlockungen dieser Welt. Wir können sie durch den Glauben besiegen. Diesen Sieg aber kann nur erringen, wer fest daran glaubt, daß Jesus der Sohn Gottes ist.

1. Johannes 5,4f

Und euch ... habe ich geschrieben, weil ihr in euerm Glauben stark geworden seid. Gottes Wort ist in euch lebendig, und ihr habt den Bösen besiegt.

1. Johannes 2,14

Gelobt sei Gott, der uns den Sieg gibt durch Jesus Christus, unseren Herrn!

1. Korinther 15,57

«Hört genau hin, und achtet darauf, was Gottes Geist den Gemeinden sagt. Denn wer durchhält und das Böse besiegt, dem will ich die Früchte vom Baum des Lebens zu essen geben, der in Gottes Paradies steht.»

Offenbarung 2,7

Umkehr

Kehrt zum Herrn zurück, dann werdet ihr leben!
Amos 5,6

«Ich gebe ihnen ein verständiges Herz, damit sie erkennen, daß ich der Herr bin. Sie werden mein Volk sein, und ich werde ihr Gott sein; von ganzem Herzen werden sie wieder zu mir umkehren.»
Jeremia 24,7

«Eure Schuld und alle eure Sünden habe ich euch vergeben. Sie sind verschwunden wie Wolken, wie Nebelschwaden in der Sonne. Kommt zurück zu mir, denn ich habe euch erlöst!»
Jesaja 44,22

Gott hat allen Menschen den Weg zur Umkehr gezeigt, den einzigen Weg, der zum Leben führt.
Apostelgeschichte 11,18

«Wenn dieses Volk, das meinen Namen trägt, seine Sünde bereut, von seinen falschen Wegen umkehrt und nach mir fragt, dann will ich ihnen vergeben.»
2. Chronik 7,14

«Man wird sich im Himmel über einen verlorenen Sünder, der zu Gott umkehrt, mehr freuen als über neunundneunzig andere, die es nicht nötig haben, Buße zu tun.»
Lukas 15,7

Verantwortung

Jeder – ohne Ausnahme – muß Gott Rechenschaft geben. Laßt uns also unerschütterlich an unserem Bekenntnis zu Gott festhalten, denn wir haben einen Hohenpriester, der vor Gott für uns eintritt. Das ist Jesus, Gottes Sohn, der in das Reich seines Vaters gegangen ist.
Hebräer 4,13 f

Worte haben Macht: sie können über Leben und Tod entscheiden. Darum ist jeder für die Folgen seiner Worte verantwortlich.

Sprüche 18,21

«Will man euch irgendwo nicht aufnehmen und eure Botschaft nicht hören, so geht weiter und kümmert euch nicht mehr um diese Leute. Sie müssen ihr Verhalten einmal selbst verantworten.»

Markus 6,11

Denn einmal werden wir uns alle vor Jesus Christus als unserem Richter verantworten müssen. Dann wird jeder das bekommen, was er für sein Tun auf dieser Erde verdient hat, mag es nun gut oder schlecht gewesen sein.

2. Korinther 5,10

Du bist nicht der Herr deines Nächsten. Mit welchem Recht willst du ihn also verurteilen? Er ist nicht dir verantwortlich, sondern Gott, und der ist stark genug, ihn vor falschen Wegen zu bewahren.

Römer 14,4

Vergebung

«Vergib uns unsere Schuld, wie wir denen vergeben, die uns Unrecht getan haben.»

Matthäus 6,12

Bei dir finden wir Vergebung. Ja, du vergibst, damit wir dir in Ehrfurcht begegnen.

Psalm 130,4

Wo ist ein Gott wie du, Herr? Du vergibst denen, die von deinem Volk übriggeblieben sind, und verzeihst ihnen ihre Schuld. Du bleibst nicht für immer zornig, sondern läßt Gnade vor Recht ergehen, daran hast du Gefallen!

Micha 7,18

Denn Gott hat durch Christus Frieden mit der Welt geschlossen, indem er den Menschen ihre Sünden nicht länger anrechnet, sondern sie vergibt. Gott hat uns dazu bestimmt, diese Botschaft von der Versöhnung öffentlich bekanntzugeben.

2. Korinther 5,19

«Ich will sie begnadigen, ihnen ihren Ungehorsam vergeben und nicht mehr an ihre Sünden denken.»

Hebräer 8,12

«Euer Vater im Himmel wird euch vergeben, wenn ihr den Menschen vergebt, die euch Unrecht getan haben.»

Matthäus 6,15

Verherrlichung

Preist den Herrn, und ruft seinen Namen aus, verkündet seine großen Taten allen Völkern! Singt und musiziert zu seiner Ehre, macht alle seine Wunder bekannt!
1. Chronik 16,8f

Nach seinem Plan und Willen hat Gott uns schon im voraus durch Christus als seine Erben eingesetzt. Jetzt sollen wir mit unserem Leben Gott verherrlichen, die wir schon lange auf unseren Retter gewartet haben.
Epheser 1,11f

«Gott wird dadurch verherrlicht, daß ihr viel Frucht bringt und ihr euch so als meine wirklichen Jünger erweist.»
Johannes 15,8

Nehmt euch gegenseitig an, so wie ihr seid, denn auch Christus hat euch ohne Vorbehalte angenommen. Auf diese Weise wird Gott geehrt.
Römer 15,7

Wen Gott auserwählt hat, der ist nach seinem Willen auch dazu bestimmt, seinem Sohn ähnlich zu werden, dem ersten unter vielen Brüdern. Und wen Gott dafür bestimmt hat, den hat er auch in seine Gemeinschaft berufen; wen er aber berufen hat, den hat er auch von seiner Schuld befreit. Und wen er von seiner Schuld befreit hat, der hat schon im Glauben Anteil an seiner Herrlichkeit.
Römer 8,29f

Versuchung

«Bewahre uns davor, daß wir dir untreu werden, und befreie uns vom Bösen.»

Matthäus 6,13

Wenn ich in Versuchung komme, unehrlich zu sein, dann tritt mir in den Weg!

Psalm 119,29

Danach wurde Jesus vom Geist Gottes in die Wüste geführt, wo ihn der Teufel versuchen sollte.

Matthäus 4,1

Denn weil er [Jesus] selbst gelitten hat und denselben Versuchungen des Satans ausgesetzt war wie wir Menschen, kann er uns in allen Versuchungen helfen.

Hebräer 2,18

Niemand, der in Versuchung gerät, kann behaupten: «Diese Versuchung kommt von Gott.» Denn Gott, der für das Böse unangreifbar ist, wird niemanden zum Bösen verführen. Es sind vielmehr unsere eigenen begehrlichen Wünsche, die uns immer wieder zum Bösen verlocken.

Jakobus 1,13f

Gott ... läßt nicht zu, daß ihr in der Versuchung zugrunde geht. Wenn euer Glaube auf die Probe gestellt wird, schafft Gott auch die Möglichkeit, sie zu bestehen.

1. Korinther 10,13

Vertrauen

Herr, wer dich kennenlernt, der wird dir gern vertrauen. Wer sich auf dich verläßt, der ist nie verlassen.

Psalm 9,11

Vertrau dich dem Herrn an, und sorge dich nicht um deine Zukunft! Überlaß sie Gott, er wird es richtig machen.

Psalm 37,5

Beschütze mich, Gott, denn dir vertraue ich! Du bist mein Herr, mein ganzes Glück!

Psalm 16,1f

Mit Leib und Seele vertraue ich mich dir an, denn du erlöst mich, Herr, du treuer Gott!

Psalm 31,6

Freude kann Gott nur an jemandem haben, der ihm fest vertraut. Ohne Glauben ist das unmöglich. Wer nämlich zu Gott kommen will, muß darauf vertrauen, daß es ihn gibt und daß er alle belohnen wird, die ihn suchen und nach seinem Willen fragen.

Hebräer 11,6

Ihr dürft nur dem vertrauen, der wie Christus ein Leben führt, das Gott gefällt.

1. Johannes 3,7

Vision

Gott spricht immer wieder, auf die eine oder die andere Weise, nur wir Menschen hören nicht darauf! Gott redet durch Träume, durch Visionen in der Nacht, wenn tiefer Schlaf auf die Menschen fällt. Sie liegen da und schlummern, doch dann erschreckt er sie mit seiner Warnung, und sie hören aufmerksam zu.

Hiob 33,14–16

«In späterer Zeit will ich, der Herr, alle Menschen mit meinem Geist erfüllen. Eure Söhne und Töchter werden aus göttlicher Eingebung reden, die alten Männer werden bedeutungsvolle Träume haben und die jungen Männer Visionen; ja, sogar euren Sklaven und Sklavinnen gebe ich in jenen Tagen meinen Geist.»

Joel 3,1f

Laßt euch nicht durch Gerüchte verwirren und erschrecken, der Tag des Herrn sei schon da. Bleibt kritisch und besonnen, wenn ihr von Visionen und angeblichen Offenbarungen Gottes hört.

2. Thessalonicher 2,2

Noch ist uns bei aller prophetischen Schau vieles unklar und rätselhaft. Einmal aber werden wir Gott sehen, wie er ist. Jetzt erkenne ich nur Bruchstücke, doch einmal werde ich alles klar erkennen, so deutlich, wie Gott mich jetzt schon kennt.

1. Korinther 13,12

Vorbild

Jesus Christus soll in allem euer Vorbild sein.
Römer 13,14

Jeder von uns soll sich so verhalten, daß sein persönliches Vorbild den Nächsten zum Guten ermutigt und ihn im Glauben stärkt.
Römer 15,2

Seid freundlich und barmherzig, immer bereit, einander zu vergeben, so wie Gott euch durch Jesus Christus vergeben hat. Weil ihr Gottes geliebte Kinder seid, sollt ihr in allem seinem Vorbild folgen. Geht liebevoll miteinander um, so wie auch Christus euch seine Liebe erwiesen hat. Aus Liebe hat er sein Leben für uns gegeben. Und Gott hat dieses Opfer angenommen.
Epheser 4,32 – 5,2

Auch ohne viele Worte sollt ihr Frauen allein durch euer Vorbild eure Männer für Christus gewinnen, die bisher nicht an sein Wort glaubten. Ein vorbildlicher Lebenswandel und die Achtung ihnen gegenüber wirken überzeugender als viele Worte.
1. Petrus 3,1f

Gott will, daß ihr durch euer vorbildliches Verhalten alle überzeugt, die aus Unwissenheit oder Dummheit euch verleumden.
1. Petrus 2,15

Wahrheit

Lügen haben kurze Beine, die Wahrheit aber bleibt bestehen.

Sprüche 12,19

«Ich bin der Weg, ich bin die Wahrheit, und ich bin das Leben! Ohne mich kann niemand zum Vater kommen.»

Johannes 14,6

«Ihr werdet die Wahrheit erkennen, und die Wahrheit wird euch befreien!»

Johannes 8,32

Orientiert euch an dem, was wahrhaftig, gut und gerecht, was anständig, liebenswert und schön ist. Wo immer ihr etwas Gutes entdeckt, das Lob verdient, darüber denkt nach.

Philipper 4,8

Ihr sollt den «neuen Menschen» anziehen, wie man ein Kleid anzieht. Diesen neuen Menschen hat Gott selbst nach seinem Bild geschaffen; er ist gerecht und heilig, weil er sich an das Wort der Wahrheit hält. Belügt euch also nicht länger, sondern sagt die Wahrheit.

Epheser 4,24f

Was immer du sagst, soll wahr und überzeugend sein. Nur so kannst du die Gegner des Wortes Gottes entlarven.

Titus 2,8

Weisheit

Alle Weisheit beginnt damit, daß man Ehrfurcht vor Gott hat. Den heiligen Gott kennen, das ist Einsicht!
Sprüche 9,10

Du freust dich, wenn ein Mensch von Herzen aufrichtig und ehrlich ist; verhilf mir dazu und laß mich weise handeln!
Psalm 51,8

In ihm [Christus] ist alles, was es an Weisheit und Erkenntnis Gottes geben kann.
Kolosser 2,3

«Ich selber werde euch zeigen, wie ihr euch weise verhalten und was ihr sagen sollt, so daß eure Gegner nichts mehr erwidern können.»
Lukas 21,15

Wenn sich jemand einbildet, in dieser Welt besonders klug und weise zu sein, der muß den Mut aufbringen, als töricht zu gelten. Nur dann wird er wirklich weise. Denn alle Weisheit dieser Welt ist in den Augen Gottes nichts als Torheit.
1. Korinther 3,18f

Wer von euch meint, klug und weise zu sein, der soll das durch sein ganzes Leben zu erkennen geben, durch seine Freundlichkeit und Güte. Sie sind Kennzeichen der wahren Weisheit.
Jakobus 3,13

Wohlergehen

Gehorche Gott und meide das Böse! Das heilt und belebt deinen ganzen Körper, du fühlst dich wohl und gesund.
Sprüche 3,7f

Was ist mit dem, der dem Herrn gehorcht? Der Herr zeigt ihm den richtigen Weg. Er schenkt ihm Glück und Wohlstand, und seine Nachkommen werden das ganze Land erben.
Psalm 25,12

«Bemüht euch um das Wohl der Stadt, in die ich euch wegführen ließ, und betet für sie. Wenn es ihr gutgeht, wird es auch euch gutgehen.»
Jeremia 29,7

Wollt ihr das Leben genießen und gute Tage erleben? Dann paßt auf, was ihr redet: Lügt nicht und verleumdet niemanden! Wendet euch ab von allem Bösen und tut Gutes! Setzt euch unermüdlich und mit ganzer Kraft für den Frieden ein! Denn Gott sieht mit Freude auf solche Menschen und wird ihre Gebete erhören.
Psalm 34,13–16

Ob ich nun wenig oder viel habe, beides ist mir durchaus vertraut, und so kann ich mit beidem fertigwerden: Ich kann satt sein und hungern; ich kann Mangel leiden und Überfluß haben. Das alles kann ich durch Christus, der mir Kraft und Stärke gibt.
Philipper 4,12f

Wunder

O Gott, heilig ist alles, was du tust. Kein anderer Gott ist so mächtig wie du! Du allein bist der Gott, der Wunder vollbringt.

Psalm 77,14f

«Geh nach Hause zu deiner Familie, und berichte, welch großes Wunder Gott an dir getan hat und wie barmherzig er zu dir gewesen ist!»

Markus 5,19

«Weil der Vater den Sohn liebt, zeigt er ihm alles, was er selbst tut. Und er wird ihn noch viel größere Wunder tun lassen, so daß ihr staunen werdet.»

Johannes 5,20

Die Juden wollen Wunder sehen, und die Griechen suchen die Antwort auf ihre Fragen in der Philosophie. Wir aber sagen den Menschen, daß Christus – der Sohn Gottes – für uns sterben mußte, auch wenn das für die Juden eine Gotteslästerung ist und für die Griechen schlichtweg Unsinn.

1. Korinther 1,22f

Jedem hat Gott seinen ganz bestimmten Platz zugeteilt. ... Es gibt Christen, die Wunder tun, und solche, die Kranke heilen oder Bedürftigen helfen. ... Kann jeder von uns Wunder tun? Natürlich nicht. Aber jeder einzelne soll sich um die Gaben bemühen, die der Gemeinde am meisten nützen.

1. Korinther 12,28–31

Wünsche

Ein Faulpelz hat viele Wünsche, ist aber zu bequem, auch nur einen Finger krumm zu machen. Dieser Zwiespalt bringt ihn langsam um.

Sprüche 21,25

Für alles auf der Welt hat Gott schon vorher die rechte Zeit bestimmt. In das Herz des Menschen hat er den Wunsch gelegt, nach dem zu fragen, was ewig ist. Aber der Mensch kann Gottes Werke nie voll und ganz begreifen.

Prediger 3,11

Freue dich über den Herrn; er wird dir alles geben, was du dir von Herzen wünschst. Vertrau dich dem Herrn an, und sorge dich nicht um deine Zukunft! Überlaß sie Gott, er wird es richtig machen.

Psalm 37,4f

Der Herr, unser Gott, stehe uns bei, wie er schon unseren Vorfahren beigestanden hat! Möge er uns nie verlassen oder gar verstoßen! Er gebe uns den Wunsch, so zu leben, wie es ihm gefällt, damit wir seine Gebote befolgen und auf alle Weisungen und Gesetze achten, die er unseren Vorfahren gegeben hat!

1. Könige 8,57f

Wenn ihr freilich Gott nur darum bittet, eure selbstsüchtigen Wünsche zu erfüllen, wird er euch nichts geben.

Jakobus 4,3

Zielsetzung

Wer unvernünftig ist, hat Spaß an Dummheiten; ein weiser Mensch handelt zielbewußt.

Sprüche 15,21

Wenn ein Mensch seinen Weg zielstrebig gehen kann, verdankt er das dem Herrn, der ihn liebt. Und wenn er einmal fällt, bleibt er nicht am Boden liegen, denn der Herr hilft ihm wieder auf.

Psalm 37,23f

Zielstrebig will ich den Weg gehen, den deine Gebote mir weisen, denn nur so kann ich froh der Zukunft entgegensehen.

Psalm 119,32

Noch habe ich den Preis nicht in der Hand. Aber eins steht fest, daß ich alles vergessen will, was hinter mir liegt. Ich konzentriere mich nur noch auf das vor mir liegende Ziel. Mit aller Kraft laufe ich darauf zu, um den Siegespreis zu gewinnen, das Leben in Gottes Herrlichkeit. Denn dazu hat uns Gott durch Jesus Christus berufen.

Philipper 3,13f

«Als du jung warst, hast du getan, was du wolltest, und du hattest deine eigenen Ziele. Im Alter aber wirst du deine Hände ausstrecken, und ein anderer wird dich führen; dorthin, wo du nicht hingehen willst.»

Johannes 21,18

Zufriedenheit

Ich bin zur Ruhe gekommen. Mein Herz ist zufrieden und still. Wie ein Kind in den Armen seiner Mutter, so ruhig und geborgen bin ich bei dir!

Psalm 131,2

Sei zufrieden mit dem, was du hast, und verlange nicht ständig nach mehr, denn das ist vergebliche Mühe – so als wolltest du den Wind einfangen.

Prediger 6,9

Wenn wir zu essen haben und uns kleiden können, sollen wir zufrieden sein. Wie oft sind die Menschen, die um jeden Preis reich werden wollten, den Versuchungen des Teufels erlegen.

1. Timotheus 6,8f

«Erwartet man nicht von einem klugen und zuverlässigen Verwalter, daß ihm sein Herr beruhigt die Aufsicht über alle Mitarbeiter anvertrauen kann und er sie gewissenhaft mit allem Nötigen versorgt? Wenn sein Herr zurückkommt und findet, daß er seine Arbeit gut getan hat, wird er glücklich und zufrieden sein. Eins ist sicher: Einem so zuverlässigen und bewährten Mann wird er die Verantwortung für seinen ganzen Besitz übertragen.»

Lukas 12,42–44

Zweifel

«Aber ich will euch jemanden senden, der euch zur Seite stehen und trösten wird, den Geist der Wahrheit. Er wird vom Vater kommen und mein Zeuge sein. Und auch ihr werdet meine Zeugen sein, denn ihr seid von Anfang an bei mir gewesen. Ich sage euch das alles, damit ihr nicht an mir zu zweifeln beginnt und aufgebt.»

Johannes 15,26–16,1

Ihr seid gerettet, und das soll sich an euerm Leben zeigen. Deshalb lebt nun auch in Ehrfurcht vor Gott und in ganzer Hingabe an ihn. Er selbst bewirkt ja beides in euch: den guten Willen und die Kraft, ihn auch auszuführen. Bei allem, was ihr tut, hütet euch vor unzufriedenem Murren und mißtrauischen Zweifeln. Dann wird euer Leben hell und makellos sein, und ihr werdet als Gottes vorbildliche Kinder mitten in dieser verdorbenen und dunklen Welt wie Sterne in der Nacht leuchten.

Philipper 2,12–15

Betet aber in großer Zuversicht, und zweifelt nicht; denn wer zweifelt, gleicht den Wellen im Meer, die vom Sturm hin- und hergetrieben werden. Ein solcher Mensch kann nicht erwarten, daß Gott ihm etwas gibt.

Jakobus 1,6f

In ähnlicher Aufmachung sind in der gleichen Reihe folgende Geschenk-Taschenbücher mit Impulsen aus «Hoffnung für alle» erschienen:

1-Minuten-Impulse
für Zeiten der Krankheit

1-Minuten-Impulse
für die beste Mutter der Welt

1-Minuten-Impulse
für die Stille Zeit mit Gott

1-Minuten-Impulse
für das Leben zu zweit

1-Minuten-Impulse
für den Mann mit Perspektive

1-Minuten-Kicks
für die Generation Y

In alphabetischer Reihenfolge sind biblische Aussagen zu zentralen Glaubens- und Lebensfragen der jeweilgen Zielgruppe zusammengestellt. Sie helfen, den Alltag und die persönliche Lebenssituation im Licht der Bibel zu überdenken und aus der Begegnung mit Gott und seinem Wort Kraft zu schöpfen.

«Hoffnung für alle» kann als moderne Bibelübersetzung überraschende Eindrücke von der Aktualität und Lebensnähe der Bibel vermitteln.

Brunnen Verlag · Basel und Gießen